お金、成功、ご縁!

すべてが用意されている
ゼロポイントフィールドにつながる生き方

量子力学で夢をかなえる!

村松大輔

徳間書店

はじめに――「すべてが用意されている周波数帯へ」

ここは、「あなたの本当の想いがかなうところ」。

そんなのあるの？

そうだとしても、特別な人にしかできないでしょ？

「すべて」って、じゃぁ、お金も、恋愛も、家族との関係も、仕事での生きがいも、健康も、すべて、ってこと？

それがぜんぶ、「良い方向」にいくってこと？

答えは……、
そうなんです。

まだ仮説のところもありますが、アインシュタインや宇宙飛行士の方々もおっしゃっているところ。

それがどこにあるのか?


私は現在、群馬県で学習塾を営んでいます。そこには、中学や高校でトップクラスの子も来れば、勉強が苦手、嫌い、やる気がない、という子たちも来ます。

親御さんを病気で亡くされた子たちも来ます。

さらに、塾以外でも、全国いろいろな所へ行って大人の方へお話しさせていただいています。参加者には、

「どんどん夢を実現したい!」

「ミッションを見出したい!」

という方もいらっしゃいますが、

「生きている意味がわからない」

「明日の朝が来なければいい」

という方もいらっしゃいます。

そんな生徒たちや大人の方々が、1ヶ月、2ヶ月と経つうちにどんどん輝きを増していく。自分の居場所を見出し、どんどん活躍していく。

そのようなことが起こっています。


私はスピリチュアル一家で育ったのですが（第1章51ページ参照）、

「ポワーンとしたこと」

「そういうものだから信じなさい」

というのが大嫌いで、物理数学が大好きな理系人間。

証明や理屈がないとダメだし、現象を物理現象で考えるのが大好きです。

そして、アインシュタインらが伝えている

「すべてが用意されているところ」

があることを感じています。

そのフィールド（領域）は、ノーベル賞クラスの方々が、エジソンが、モーツァルトが、世界的なアーティストらが伝えている世界。

それは特別な人だけがつながることのできる世界ではありません。

私自身、かつては、人から無視される、居場所がない、自暴自棄の結果からのケガだらけ、そしてうつになったところからの気づきがあります。

「すべてが用意されているところ」

それはどこにあるのか？

「水からH_2Oを切り離すことができない」ように、あなたから「すべてが用意されているところ」を切り離すことができません。

なぜならば……、

その「すべてが用意されているところ」は、あなたの体を構成している、意識を構成している〝素粒子〟を生み出している源のエネルギーフィールドだから。

この素粒子側を扱うのが、【量子力学】です。

ここ最近の世界を飛び交っているニュースで、コロナやワクチン、自粛の問題、国の情勢などを見ると、私たちが自発的に素晴らしい世界をイメージしよう、ということが難しくなり、ますます心が閉ざされてしまいそうな今。

ぜひ「すべてが用意されている周波数帯」に入ってみてくださいね。

本書の第5章は、「明日が来なければよかった」と思っていた人たちが、たった半年、1年で、かつての人生を全部塗り替えるどころか、幸せで最高の人生を歩んでいる体験談を掲載しています。

あまりに壮絶でプライベートなことなので明るみに出したくないほどのことなのに「読者の皆さんが幸せになれるのだったらぜひ！」

と許可をいただきました。

「本当にそんなに人生がどんどん動くのか？」

と思われる方は、ぜひ第5章からお読みくださいね。

あまりに壮絶すぎてこぼれた涙が、数分後、胸の内側が熱くなり、感動の涙へと変化していきます。

本書を通して一人でも多くの方が「本当の自分を生きる」という世界に入られ、人生を幸せな周波数帯で生きられますようお祈りしています。

あなたがお幸せでありますように。
あなたから幸せな素粒子の波が周りへ、世界へ広がってゆきますように。

令和3年9月吉日

村松大輔

すべてが用意されている
ゼロポイントフィールドにつながる生き方

contents

第1章

人生がスムーズにいく人といかない人

第2章

新時代をスムーズに生きるための〝量子力学的生き方〟

第3章

お金が流れてくる周波数帯に入る／仕事、人生、健康について

第4章

あなたの天才性を発揮する
――ゼロポイントフィールド

第5章 人は変われる

装丁　三瓶可南子
カバー画　天野恭子
本文イラスト　浅田恵理子
編集　豊島裕三子
編集協力　長谷川恵子

第1章

人生がスムーズにいく人といかない人

国語0点でも東大へ

人生にこれといった不満もなく、まわりとの関係も良好で、楽しく生きている人がいます。

その一方で、苦しいことやつらいことが多く、勉強、仕事、経済、人間関係など、あらゆる面で困難にぶつかってしまう人がいます。

こうした違いはどこで生まれるのでしょうか。

生まれ育った環境？　親の教育？　遺伝的なもの？

そういう要素もあるでしょうが、もちろんそれだけで説明できることではありません。

では、**人生がスムーズにいく人といかない人を分けるものとは、いったい何でしょう**。

それをあなたとご一緒に考えるために、この章では私の体験をお伝えしていきます。

なぜなら、かつて私自身が「まったくスムーズにいかない人生」を送っていたからです。

私はアスペルガーのグレーゾーンだと思います。

アスペルガー症候群とは、発達障害のひとつです。

近年は、マスコミなどでも取り上げられることが増え、関連の本も出版されているので、なんらかの知識のある方は多いでしょう。

おもな症状としては、社会性やコミュニケーション、共感性などに難があったり、興味や活動の偏《かたよ》り、強いこだわり、感覚過敏などがみられます。ＩＱには問題がないのですが、他の発達障害と同様、発達の度合いに凸凹があるのです。

ＡＤＨＤ（多動性注意欠陥障害）やＬＤ（学習障害）など、別の症状を併せ持っているケースも多いようです。

グレーゾーンと書いたように、私はアスペルガーの特徴にぴったり当てはまっているわけではありません。でも、明らかにその傾向はあると思います。

一番の根拠は、「得意なこと」と「不得意なこと」にものすごく差があることです。

勉強で言えば、数学や物理はやればやるほど伸びるのですが、国語の要素がまったくダメなのです。

まず、小学校のときに漢字のテストで0点を取りました。

高校のときも、センター試験の模試で、評論、小説、古文、漢文で各50点、トータル200点満点のところ、小説と古文と漢文でそれぞれ0点を取ったことがあります。

東大模試でも、国語が80点満点で「8点」でした。

とにかく、国語関係でまったく点が取れません。

大学受験でも国語は0点の配分のつもりで、「数学、物理、化学、英語で合格点を取る」という計算をしました。それで東大に入ることができたので、私の作戦は的を射ていたわけです。

「好き」「得意」を伸ばすほうが絶対いい

今は塾を経営していますが、生徒たちにもそういう経緯を話しています。

「全部できなくてもいい、何かに突き抜ければいい」という声かけを、いつもしています。

発達障害の子の多くは、「天才性を秘めている」とも言われます。たしかにいわゆる「ギフテッド」（先天的に飛び抜けて高い学習能力や豊かな精神性を持った人）と似ているのですが、イコールではありません。

発達障害の場合、教室でもじっとしていられず、動きまくってしまう子もいます。そのため、すごい天才性を秘めていたとしても、そこを先生が見抜けないと悲惨なことになります。

単にダメな子扱いしたり、無理に不得意なことをさせたりして、勉強嫌いにしてしまい、結果的に子どもの可能性をつぶしてしまうことが多いのです。

私の場合は、得手不得手のある子の気持ちがすごくわかるので、生徒の「ここが得意！」というところをほめまくっています。

生徒たちに居場所を提供したい、この塾を駆け込み寺や寺子屋のような所にしたいのです。そういう思いでやっていることを、仲間の先生たちもよく理解して一緒にやってくれているので、本当にありがたいと思っています。

たとえば、こんな子がいます。

彼は中学時代に不登校になり、出席日数が足りず、通信制高校に進学しました。中学のときにちょっとだけ塾に来たことがあるのですが、今度は高校のレポートが出せないと困って、また塾に来てくれました。

その彼は、実はすごいプログラミングの能力の持ち主で、ロボットも軽々と作ってしまいます。数学でも、サインやログの計算を説明するとすらすら解きます。でも、最後に出てくる分数の足し算ができないのです。

私は、そういう子をいじるのが大好きです。

いじると言ってもからかうわけではなく、本人が好きで得意なことを見つけて、とことん伸ばすのが好きなのです。だから、心からほめまくります。

新しい単元を説明して解けたら「すごい！　たった1時間でこんなに理解したじゃん！」。

問題をまちがえたら、「おしい！　さっきのやり方でよかったんだよ」「おしい！　ここまでバッチリ！」。

入試レベルがとけたら、「マジか！　めちゃ天才！　筑波大附属受かったじゃん！」など。


その子が群馬県のプログラミングコンテストに出て入賞して、ＮＨＫのニュースでも報道されました。

そのときに、ある会社の人たちが見に来ていて、名刺交換をしたらしいのです。しばらくしてその子のお母さんが来て「うちの息子、塾をやめます」と言うので、どうしたのかと思ったら、「東京の会社から引っ張られた」とのこと。学校は通信制でレポートだけ出せばいいので、東京に住んでその会社で仕事を始めるというのです。

もしそのまま、通信制で「全然勉強ができないダメな生徒」と烙印《らくいん》を押されたままだったら、すごくもったいない人生になっていたでしょう。

そういう生徒たちの「好き、大好き！」を嗅《か》ぎ分け、それを生かすことで、ガーッと可能性を開くのが好きなのです。

私自身、大変だった時期もあったので、ダメなほうを伸ばすのではなく、得意なほうを伸ばすのがいいという確信があります。

ダメなほうは、それが得意な別の人にやってもらえばいいのです。

ケガだらけの人生

私は、今でこそ大好きで、心からやりたい仕事に携わることができていますが、ここに至るまでには長く苦しい時間がありました。

話は20年以上前にさかのぼります。

大学の卒業式当日の、夕方のこと。父から電話がかかってきました。

「幹部社員が辞めることになって、このままだと大変だ。大輔、戻って来られるか？」

父は群馬で金属メーカーを経営していました。社員数は20名前後、おもに内視鏡の精密部品やロケットの切り離し部分などを製造していました。

その電話から、父が困っているようすは伝わってきました。しかし、急にそう言われても対応できる状況ではありません。

すでに、ある会社に就職することが決まっていました。荷物はもうすべて引っ越し先に送ってあるし、大学の研究室からの推薦ももらっていましたから、簡単に断れるような話ではないのです。

でも、群馬に戻って父と話をして、結局、父の会社を手伝うことにしました。


自分の心の声に従うのではなく、「自分を殺して父のために故郷に戻る」という行動を選んだのですが、これが最初の間違いでした。

そのときから、私の根底には「俺は戻ってきてやったのに」という不満と批判のエネルギーがありました。元々隠し持っていた、父に対する反抗心だったんですね。

でも、批判や反抗のエネルギーを封印して、いい顔をして仕事をしていたのです。

それでうまくいったかというと、まったくうまくいきませんでした。

根底には「お父さんのせいでこんなに苦労している」とか、「俺はこれだけやっているのに認めてもらえない」「もっとがんばる」などという思いがあり、社員たちともそのエネルギーで引き寄せ合っていました。

機械いじりをやったこともない状態で製造現場に放り込まれ、知らないこと、わからないことだらけ。「切削油と潤滑油のちがい」もわからず、「ベアリング」が何かも知らない。当然、落ち込むことや失敗が多くなりますが、そういうときの社員の反応はひどく厳しいものでした。

ちょっとミスをすると一斉に攻撃され、「誰がやったんだ、そんなんで社長になる気があるのか！」と言われる。無視される。ホワイトボードに批判を書かれる。

私の使っている旋盤（工作機械）に「汚い！　マイクロ（測定器）が汚れている」などと貼り紙がされている。「東大卒なのにわかんねぇんか！」とイヤミを言われる。

社員からの攻撃でハチの巣にされました。

そういう至らないところを指摘してもらって、私がどうしたかというと、「俺、ダメなんだ」「どうせ俺なんて」という負のエネルギーを出しまくりました。最終的には「俺がいないほうが、会社がうまく回る」と思っていました。

しかも、そんな気持ちで機械を扱うので、いつも手がケガだらけです。油まみれになるのでケガの傷口が膿《う》んで、ひどい痛みのある状態でした。

結局、そのエネルギーで**私が私を傷つけていたのです。**

そんな状態が、14年間続きました。

「心を込めること」の意味に気づいたけれど

会社に入って4、5年ぐらい経ったとき、私の仕事ぶりがどうにも我慢できないという理由で、あるひとりの社員から完全に無視されるようになりました。ほかの社員からの風当たりも、相変わらずきついままです。

居場所がない。どうしたら認めてもらえるのだろう?

そう思って、大学時代に熱中した船井幸雄《ゆきお》さんや稲盛和夫さんの本に書かれていることを、話してみたりしました。ところがまるで逆効果でした。

聞く側にとっては「きれいごとがうるさい。自分はできていないのに、それに気づいていない」わけです。

それをズバッと言われ、「黙って仕事しろ！　心を込めろ」と一喝されました。

自分の言動には、それまでけっこう気を使っていました。指示を出すときなども、わかりやすく伝える努力はしていたと思います。

でも、そもそも社員の憤りの原因は、**私の言動ではなく「在り方」でした。**

ちゃんと丁寧に、すべて図面通りに完成しているのか、そういうことをきちんと見極める姿勢がなく、人の気持ちも汲《く》まず、「ほら、俺、やったでしょ。時間通りに出荷したんだからいいでしょ？」という感覚でいました。仕事をした後の機械や作業スペースが汚いことも、よく注意されていました。

そういう面を直せなかったことが、まわりのイライラを誘発していたのです。

それからは口をつぐんで、ひたすら手を動かしました。

1個1個の部品を拭く、マイクロメーターという測定器をきれいに並べる、加工中の機械の中の切り粉がついていないかをしっかり見る、プログラムが間違っていないかどうかチェックする、それらの作業一つひとつを、ようやく丁寧にできるようになったのです。

ミクロの層に心を込めるという意味がわかってきました。

でも、それでいろいろなことが好転していったかというと、そうではありませんでした。

今度は「俺がやるしかない」「がんばらないといけない」と自分を追い込んで、逆に自分を傷めつける方向へ進んでいったのです。

「自分はどうなってもいい」という自己犠牲のエネルギーでは、本当の成長はできない

最終的には製造部のチームリーダーをさせてもらいました。当時30代前半ぐらいで、その部では年齢的には下から2番目でした。

そういう状況の中で、まわりからは「社長のせがれ」「将来社長になるんだったら、もっとやって当然だ」という目で見られていました。

父の意向を現場に伝える一方で、社員たちからのクレームにも対応するという、難しいポジションにもいました。

朝8時から夜10時ぐらいまで働くのが当たり前でした。

たとえば夜中もずっと機械を稼働させ、部品の寸法が±10ミクロンでもずれてはいけないような場合は、泊まり込んで夜中に起きて作業します。

15分サイクルでの加工が必要なものなども、やはり泊まり込み、10分寝て起きてOK

ならまた加工する、それを繰り返しながら翌朝の出荷に間に合わせ、そのまま終日働くというありさまです。

「社員にさせるのは悪いから、チームリーダーの俺がやる」と考えていたのです。

幼い頃から空手をやっていて体力があったからできたともいえますが、体の感覚すら麻痺《まひ》させていたというのが実際でした。

「自分はどうなってもいい」という「自己犠牲の働き方」だったのです。

私がケガだらけだったのは、「お父さんのせいでこうなった」という父への反発と「どうせ俺なんて」という思い、一方で「自分はどうなってもいいからお客さんのためにがんばる」と思いが強かったせいでした。

「自分はどうなってもいい」という自己犠牲のエネルギーを出すと、社員からも「村松はどうなってもいい」というエネルギーで返ってきます。

会社や社長に対するグチ、家庭生活への不満などを、全部私に言ってくるようになりました。

私の中に父である社長への不満があったので、今思えば、彼らはそれを代弁して「お前が出しているのはこういうエネルギーだ」と見せてくれていたのです。

当時はそれに気づかず、「俺が話を聞くことで、みんなが楽になるなら」としっかり聞いていたので、毎日体が重くなっていました。

すでに結婚していましたが、家に帰っても疲れて床から起き上がれません。床にたおれている私の上に、幼い子どもたちが乗ってきます。心身ともに休まらない生活でした。

でも、**自分はどうなってもいいから、周りに尽くすのが美徳だと思っていました。批判と自己犠牲のエネルギーでは、本当に成長することはできない。**そのことに、当時の私は気づけなかったのです。

「祈り」が与えてくれた転機――エネルギーが動き始める！

ケガだらけで社員とも軋轢《あつれき》が多い私を、父は見かねたのでしょう。あるとき、こんなふうに声をかけてきました。

「大輔、機械に拝《おが》んでいるか？」

思いがけない言葉でした。

「機械だって生き物なんだから、大輔の思いが通じるんだよ」と言われたのです。

当時の私は「これのせいで俺はこんなにつらいんだ！」と、むしろ機械を目の敵《かたき》にしていました。そのせいか、機械をぶつけたりして損傷させてしまうことが多く、修理の回数も社員の中で一番多かったのです。

そこからは「丁寧に、丁寧に」というのがわかるようになりました。

また、こんな光景も見ました。

部品の加工に使っていた古いＮＣ旋盤を中古に出すときに、社長である父は機械をさわらないし、動かし方もわからないのですが、そのＮＣ旋盤に向かって合掌していたのです。

「この姿か……」

あとでどういう気持ちだったのかを父にたずねると、「これで飯を食わせてもらっているからな」と言いました。

ああ、そういう感謝の気持ちで拝んでいたんだなと感じました。

今の私は毎日実践していますが、身の回りのモノや部屋に向かって祈るという行為は、父や父方の祖母からの流れでできるようになったのだと思います（「スピリチュアル一家に生まれて」の項参照）。

父はいつも神棚を拝んでいました。自分にとっては、つらかった頃、会社は根底では「行きたくない場所」だったので、神棚を拝むどころではありませんでした。

でも、「場に祈ること」の大切さがわかってからは、行動を真逆に変えました。

祈っているのを見られるのは恥ずかしいので、社長より先に出社して、社員が休憩に使う部屋でまず祈り、機械のある部屋と検査室で祈ってから仕事を始めるようになりました。

すると、本当にいろいろなエネルギーが動き始めました。

まず変わったのは、父に本音を言えるようになってきたことでした。

父とちゃんと向き合って、自分が考えていることを話す時間を持てたのです。

「自分ほめ」と出会って自己否定から抜け出す

それから数カ月が経った頃。

現場をまとめてくれていた、リーダー格の社員の態度が変わってきました。

彼は私より何歳か年上で、以前私を無視していた人が辞めた後、大手企業から転職してきた人です。その彼が、激しく私につっかかってくるようになりました。

やがて「声がむかつく、話しかけるな。指示はメモで出せ」と言うようになり、私を完全に無視し始めたのです。

3カ月ぐらい無視される状態が続いて、さすがにメンタルをやられてきました。

別の社員から「村松主事、受け答えとか、ちょっとおかしいですよ。脳外科で診察してもらってください」とすすめられて病院に行ったら、「うつ」と診断されたのです。

「あ、俺も人間だったんだ。うつになるんだ」と思いました。

ありがたかったのは、病院から帰ってきた私に、ある女子社員が「自分をほめる日記」というテーマの本を貸してくれたことです。

それを読んで、「自分をほめてもいいんだ」と初めてわかりました。

幼い頃から空手をやってきた「超体育会系」の私は、それまでは自分をほめることなどまったくなかったのです。「根性」「気合」「俺が一番がんばる」「自分をほめたらつけ上がる」という考えが染みついていました。

でも、もしかして、「自分ほめ」をやってみたら何かが変わるのではないか。

そう感じて、その日から寝る前に、自分へのほめ言葉を書き始めました。どんな小さなことでもいいから、その日に自分がやったことに対してほめ言葉を贈るのです。「机の上をかたづけた私、えらいよね」「朝6時に起きた私、すごい！」というふうに。

すると、それから1週間後。なんと、私を無視していた社員が挨拶《あいさつ》を返してくれたのです。「おはようございます」と言ったら、「おはようございます」と言ってくれました。

うつと診断され、自分ほめを始めたのが土曜日で、次の週の金曜日の朝に、無視が終わった。たった1週間で事態が動いたのです。

3週間後ぐらいには、その人は現場でバリバリ動いてくれるようになり、何カ月か後には、何も言わなくても私の微妙な変化まで感じ取り、声をかけてくれるようになりました。正直に状況を話すと、「わかった。その部分は俺にまかせてくれ」。そんなふうに、応援する側に回ってくれたのです。とても心強く、ありがたく感じました。

もともと、真剣に会社のことを思ってくれていた彼です。

かつて、彼にグチや攻撃のエネルギーで一方的にガンガン言われていたとき、彼の目の奥を見ながら、「彼の魂は俺の魂に何を言わんとしているのか」をつかもうと、自分なりに必死でした。それでわかったのは、「村松は本当にやる気があるのか。ちゃんと進むのか。心意気を見せろ！」と言いたかったということです。

そのことも、私が自分を見つめる後押しをしてくれて、この想像を超えた変化につながったのではないかと思います。

自分ほめ日記をつけるようになってから、ほかの社員たちも変わっていきました。

ずっと働きづめの私を見て「これだけ村松主事がやってくれているんだから」と、仕事が土日にかかったときも、土曜の夕方に手伝いに来てくれたり、日曜に交代に入ってくれたりするようになりました。

結局、自分と自分の関係。**自分をどう思うかが根幹だったんだなと思います。**

もし、ずっと自分を押し殺し、父からも、無視してくる社員からも逃げていたら、もしかしたら一生みんなに文句を言われ続ける社長として、青い顔をしながら仕事をしていたかもしれません。

自分を見つめないと、同じ現象が何度でもやってくる

会社員時代の体験で、強烈に印象に残っていることがあります。

二人の社員に、完全に無視された時期があったことは、すでに書きましたよね。

最初に私を無視した人を、Ａさんとします。彼もすごくバリバリ頑張る人でした。

Aさんは現場のリーダーで、将来会社を継ぐであろう私を育てたいと思ってくれたのですが、彼にとって私は「いつもするする逃げていく坊ちゃん」でした。

私自身はがんばっているつもりだったのですが、丁寧にやることの意味がわかるまで、私は仕事に心を込めることをしていませんでした。まわりへの配慮も足りませんでした。

入社してまだ4、5年の頃、夜9時になって自分の担当する仕事が終わったので、「帰っていいですか、寝ないと体がもたないので」と言ったら、「みんな眠いんだ！」とAさんにブチ切れられたこともありました。まわりはみんなまだやっている。みんな同じように眠い。そういうところに、私は無頓着だったのです。

そんな私に対して彼は、「村松はやる気あるのか」と苛立《いらだ》ちをつのらせていきました。

ある日とうとう、あまりにも苛立ち過ぎて、「もう話を聞きたくない、村松主事とは何もしゃべらねえ！」と言い出しました。

そして、自分のマスクに黒マジックでバツ印を書いたのです。

工場内はオイルミストが充満しているので、みんなマスクをして仕事していました。

それにバツ印をつけて、私との会話をいっさい拒否したのです。

のちに彼は退社しましたが、有能な人だったので、その穴を埋めなくてはいけません。

そこで入社してきたのが、2番目に私を無視したBさんでした。

Bさんも、最初はすごく会社のことを考えてバリバリ現場を動かしてくれたのですが、また私に対してむかつき始めて、同じように無視が始まったのです。

「むかつきすぎて何もしゃべりたくない！」

そして、ものすごくビックリしたのですが、BさんもAさんとまったく同じように、マスクに黒マジックでバツ印を書いたのです。

「うわぁ、俺だ！　俺の出しているもののせいだ」と思いました。

自分自身を見つめないと、何度でも同じ現象が起こる。

そのことを強烈に感じました。

「父のおかげで」を書き始めて湧いてきた嫌悪感

私が将来的に本当にやりたいと思っていたのは、教育の仕事でした。それも、世界を平和にするような教育です。

会社の仕事は精いっぱいやりながらも、そんな気持ちが強まっていた２０１２年の11月末、スピリチュアルなセッションを受ける機会がありました。

「宇宙存在からのメッセージを降ろせる」という人に、自分の将来についてたずねてみたのです。

その人からのアドバイスは、「あなたとお父さんのエネルギーは、もう少しでほぐれます。すでに自分のやりたいことが実現できている自分になって、『お父さんのおかげでこうなれた』という理由を10日間、たくさん探してあげてください」というものでした。

「お父さんのおかげでか……」

それまで「お父さんのせいで」はいくらでも浮かんできましたが、「おかげで」と思ったことはほとんどありません。ここまで私の人生がズタボロだったので、自分をかえるためにも真剣にとりくみました。

それで毎朝会社に行く前に、父のおかげでできていることや、学べたことなどを書くようになりました。

「父が厳しかったおかげで、私は信念を貫くことができています。ありがとうございます」

「父が商工会議所などのセミナーで全国を回り、雄弁に語る姿を見ていたおかげで、私は今教育を広げる仕事ができています。ありがとうございます」

「父が瞑想や座禅やお経をやっていて、その祈る姿があったおかげで、私はビジョンを描き、ゴールを達成できています。ありがとうございます」

月曜日から始めて水曜日ぐらいまでは、「自分はこれだけ父さんのことを嫌っていたのか」と気づかされました。「父の血が流れている」と書いたら、嫌悪感が出てきたのです。

村松の家は元々武家で、武田信玄の家臣でした。

父は日本刀が好きで、自分でも趣味で刀を作ります。日曜日に空手道場を開いていて、私が最初に空手を習ったのも父からです。

その父は、子どもたちが道をはずすと、とにかく叱り方が厳しいのです。

たとえば、私が小学校のとき、家の貯金箱からお金を盗み、駄菓子を買ってしまったことがありました。すると父は、神棚の前で白無垢《しろむく》を着て目の前に日本刀を置き、私を含めた兄弟５人を正座させて、「誰だこれをやったのは！　今度やったらお父さんは責任を取って切腹するからな！」と言ったのです。子どもたち全員でわあわあ泣いて、謝りました。

事あるごとに、父が好んで言う言葉は「大輔、腹切れるか」でした。

相撲の立行司は、腰に短刀を差していて、差し違えたら（判定を誤ったら）腹を切る覚悟。そういう「覚悟を決められるか」と聞いてくるのです。

当時は怖かったのですが、今はよかったと思います。おかげで「決める、やる、まっしぐら」という癖がついたからです。

そんな父のどこを嫌っていたのかというと、私たち家族の心を汲まずに、「こういうものだ」と道に従わせようとするところです。「心を拾ってくれない」というところに、一番反発し、私たち5人兄弟は苦しんできました。

でも、あとで気づいたのですが、父自身がそういう環境で育ってきたのです。「寄り添う」とか「大切にする」というエネルギーを知らないで育ち、それを当たり前のこととして、太腿の上に針を刺しながら痛みを感じなくする修行などしていた人なのです。

そうやって感覚を麻痺《まひ》させることに慣れていたので、子どもたちが心の悲鳴をあげていても感じ取ることができません。そのことで母が泣いていることもありました。

私自身もそうやって育ってきて、つらい気持ちや悲しい気持ちを封印するので、会社で働いてくれている社員のつらさや、ぼやきたくなる気持ちがわからなかったのです。

私が「つらい、苦しい」の感覚を麻痺させ、受信器をこわしていたので、周りの気持ちを汲めなかったんですね。

「俺がこんだけやっているのに、なんで不平を言っているの？」みたいな感覚です。

ねぎらうということがよくわからなかったので、ねぎらうことがなかった。だから総スカンを食ったのです。

私の人生が次のステージへ向かうとき

「父のおかげで」を書き始めて4日目、木曜日には父への嫌悪感が消えました。

たくさん「おかげで」が出てくるようになりました。そうやって土曜、日曜と書き続け、次の月曜日になりました。

その日会社に行ったら、社長から「社員室に集まってくれ」という放送がありました。

社員室に役員と知らない男性がいて、「本日の朝7時をもって、村松金属が42年の歴史を閉じました」と話がありました……。

父の会社が閉業となったのです。銀行に融資の申請をしたところ、融資が下りず、資金がショートしたのです。そこで現金を全部下ろして社員に配るためのお金をつくり、予告手当として、月曜日の午前中に3カ月先までの給料をみんなに渡して、帰ってもらうかたちとなりました。

あとで社員の何人かから「村松主事、会社を閉めることを知っていたでしょう」と言われましたが、本当に寝耳に水でした。父は母にも言わず、役員3人と弁護士だけで相談して決めたようです。

会社の閉業が決まったということは、私が後継者というポジションから解放され、自分がやりたい教育の道に進めるということを意味します。

このときも、あまりに急激な展開に驚かされました。

最後に、男子更衣室で製造部の人たちにお礼を言ったとき、Bさんに「村松主事は、塾をやるんですよね?」と言われました。いつか塾をやりたいという夢は、Bさんにちらっと話したことがあったのです。

みんなになんて言われるだろうと一瞬不安を感じましたが、別の社員が「うちの子をタダで見てくださいよ」と笑ってくれて、一挙に場がほぐれました。

結局、**私がどんな思いや感情をもって会社を見るか、父を見るかで現象がまったく違うものになると気づきました。**

いろいろなことを体験させてもらった会社員生活が終わり、私の人生は次のステージを迎えようとしていました。

スピリチュアル一家に生まれて

ここで、私の生い立ちについて少しお話しさせてください。

なぜなら、私の現在の活動と深くかかわることだからです。

私の父は、ちょっと変わった経営者でした。

会社を経営するかたわら、空手道場を開いていたことはすでに書きましたが、もうひとつ、「過去生セラピー」のセラピストという顔も持っていたのです。

父は学生時代から心理学や哲学に傾倒し、大学は早稲田の建築科に進んで早くから祖父が創った会社のサポートをしていましたが、20代の半年間、アメリカに心理学を学びに行ったりしていました。

はじめはゲシュタルトセラピーに携わり、さらに「誘導瞑想を用いて、その人が過去生で学んだことを思い出させて癒しをもたらす」という方向へと進んでいったのです。

ちなみに、父方の祖母も、人からの祈りによって不治の病から生還した奇跡的な体験から、生き方を説く勉強会を主宰していました。神社で瞑想するのが日課で、３６５日欠かすことがありませんでした。

母もまた静岡県富士宮市の日蓮宗久遠寺《くおんじ》の檀家総代をさせてもらった家の生まれで、スピリチュアルな思想の持ち主です。

私が幼稚園の頃から、「だいちゃんは魂を成長させるために生まれてきたんだよ」と言って育ててきたのです。

そういう背景があったので、私もそれが当然だと思って育ちました。

小学校に入ったら魂の授業があると思っていたのに、そういう授業はまったくありませんでした。「2年生になったらあるのかな」と思いましたが、2年生になってもやっぱりありません。

その頃から「魂のことって、しゃべっちゃいけないんだ」と思い始めたのです。

中学生になると、何か現象が悪くなると母から「それは大ちゃんの潜在意識の問題でしょう」と言われることに、反発を覚え始めました。

「魂も潜在意識も、見えないじゃん」と思ったのです。

「魂は生き通し（肉体は死んでも魂は生き続ける）」ということも「自分の潜在意識が現実をつくる」ということも、感覚として真理だとわかるのですが、目には見えません。

それに、友だちはそんなことをまったく知らない。魂がどうのこうのと話して、怪しいと思われたり嫌われたりしたら困る。そんな不安から、スピリチュアルな話は高校に入ってもずっと封印していたのです。

でも、大学に入るとそんな状況に変化が訪れました。友だちが船井幸雄さんの『エゴからエヴァへ』という本を借してくれたのです。読んでみたら、父が言っていることと同じです。

そこからハマって、船井先生の本を片っ端から読み、船井オープンワールドに通って、稲盛和夫さんの本にもはまりました。感動して、父に「この本面白いよ」と言ったら、「家にあるよ」と言われたりして、いったんは切れていた糸がだんだんつながってきました。

大学3年の頃は前期で単位をほとんど取って、後半は1日に3冊ずつ、そうしたテーマの本を読んだりする生活でした。

でも、魂という言葉を出すと一般の人にはまったく通じません。経営者は「魂をきれいにする」とか、「そういう理念から会社を経営する」みたいなことを言っているのですが、一般の人は知らないし、それを知らないから苦しんでいるし、どうにかしたいなと思いました。

思えばすでに小学校の頃、「魂のことって友だちには言えないけど、でもこれは大切なことだから、きょうだい5人で魂を教える学校をつくりたいな」と思っていたのです。

でも、会社に入るとどんどん苦しい道に入って行って、**自分を使って「自分が発するものによってどんな現象が起きるか」**という人体実験をするようなかたちになりました。

インド、チベットへ――自分を試す旅に出る

インドに初めて行ったのは、会社に入った翌年、1999年のことでした。

会社に入った年はお金がなくて行けなかったのですが、その翌年からは、ゴールデンウィークは絶対に海外をひとり旅しようと決めていました。

バックパックで、1週間ほどの旅です。

最初の年は、人種のるつぼと言われているインドに行って、ガンジス川に入ることにしました。24歳のときです。

夜9時頃にデリー空港に着くと、すぐにショックな展開がありました。

200～300円で泊まれる宿があるとあらかじめ聞いていたので、空港の人に聞いてみようと思いました。ビシッとした身なりの空港の人が、こちらが日本人とわかっていて最初は丁寧に対応してくれたのですが、ジーパンにリュックを背負った私が「こういう宿はありますか？」と聞くと、いきなり「外に出て探せ」と、突き放されてしまいました。

空港の外に出ると、タクシー乗り場は暗闇の中で、運転手さんの白い歯しか見えません。

「兄ちゃん、こっちこっち」という感じで呼ばれて、怖いと思いながら「こういうホテルに行きたい」と言ったら、それから延々と、30分ぐらい連れまわされるのです。

お金を全部巻き上げられてもわからない。

ここで殺されても、誰にもわからない。

恐怖を感じました。こういうときに「東大卒」とか「空手何段」とか、どんな肩書があってもまったく意味がありません。

でも、結局、運転手さんは安全にホテルまで連れて行ってくれました。

チップを求められたのですが、空港に降りたばかりでコインがありません。でも殺されては困ると思い、お札を渡したら、チップとしては相当な金額だったようで、すごくおどろかれました。

私が何のためにインドに行きたかったのかというと、いろいろな層のさまざまな人たちがいる中で、自分を試すためでした。

翌朝、デリーからガンジス川のあるベナレスまで飛行機で移動して、午前10時頃にたまたま出会った三輪バイクのお兄さんに「ガンジス川に行きたい」と言ったら、なぜか、シルクの布屋さんに連れていかれました。

日中は暑さのため昼間は閉まっていて、早朝と夜しか営業していない店でした。扉の閉まった店内は暗く、また白い歯しか見えない状態です。「やばい！　連れ込まれた！」と恐怖を味わいました。

ところが、お店の人が、日本語の文章が書かれたノートを見せてきました。私の不安をやわらげるためでしょうか、それは日本人旅行者が書き残したコメントで、「ここの店の人たちはすごく優しいです。ごはんにも映画にも連れて行ってくれました」と書いてあり、少しほっとしました。

実際、彼らは優しい人たちでした。

お金の使い方にも考えさせられました。

彼らはものを高く売りつけるのですが、それで得たお金を、すぐにまわりの人間のために使うのです。貯めておくという感覚がないのですね。

その店で、日本円で4000円ぐらいのシルクのシャツとかも買いましたが、向こうの人たちにしてみればすごく高い買い物です。その代金や、「ビールを買ってくるからお金をくれ」と言われて私が渡したお金で、そこにいる全員分のビールを買ってきてもてなすとか、「みんなのために使う」「家族で分け合って喜ぶ」というのが徹底しているのです。

とてもフレンドリーで、仲良くなるエネルギーもすごいなと感じました。

ガンジス川へは、シルクの布屋さんのお兄ちゃんたちに連れられ、ボートに乗って行きました。本当に「すべてを流す」という感じの場所でした。

子どもたちが泳いでいて、そのそばでおじいさんが水をすくって歯磨きしています。川岸で煙が上がっていたので、「あの煙は何？」と聞くと、「火葬をしていて、その灰を流すところだ」。そんな話をしている間に、上流からは牛の死体がぷかぷか流れてくるのです。

でも、勇気を出して川に入りました。田んぼみたいな、にゅるっとした泥の感触は、正直気持ちいいものではありません。船の上にポシェットやパスポートを置いてあったので、少しの間入っただけで上がってしまいました。

私にとっては、ガンジス川よりも、人の印象が強く残る旅になりました。

チベタンの素敵なエネルギー、安心して生きられる世界を伝えたい

翌年の2000年は、チベットに行くことにしました。その頃のチベットはもう中国の自治区になっていて、かなり破壊されていました。

現地で「フリーチベット（チベットに自由を）」と口にしようものなら牢屋に入れられる、そういう状況でした。

チベットの政治、経済、文化の中心地であるラサに滞在中、帰りの飛行機のリコンファームのために窓口に行ったときのことでした。

そこには、パソコン仕事のホワイトカラーの中国人で、きれいな女性だけどすごく怒鳴り口調の人と、ものすごくモタモタ領収書を書いているチベット人のおばちゃんがいました。

中国人の女性は仕事は早いけれど、ピリピリした厳しいエネルギーを出している。隣にいるチベタンのおばちゃんは、鼻歌を歌いながらのんびり仕事している。

どちらの女性が幸せかは歴然でした。

ホワイトカラーとかブルーカラーなどに関係なく、「在り方」だなと思いました。

ラサは高度4000メートル近くあり、翌朝は高山病になってしまいました。

最初は平気で、なんだ大丈夫だと思って、日本人のドミトリーで、そこで知り合った日本人とビールを飲んだのです。するとズキズキ頭が痛くなり、そこからが大変です。

ポタラ宮殿の階段を1段上るごとに5分休む、の繰り返しです。

それでも4、5日しかいられなかったので、標高4400メートルのヤムドク湖につれていってもらいました。

そこは空が宇宙そのままの色をしていて、湖も宇宙の色を映したかのような深い青い色でした。

もうひとつ、この旅で忘れられない光景があります。

ラサの橋を通るときに、端のほうで中国兵が銃を持って車をチェックしていたのですが、その中国兵の顔を見ると、まるで中学生みたいな童顔なのです。
ショックを受けて、「なぜ銃で管理しないといけないのか、なんで俺は日本で平和に生きているのか」と考えました。

そして、5日間のチベット滞在中に気づいたことは、自分の役目は「銃がなくても平和で安心して生きられる世界があるんだよ」と世界に伝えることだ、そのためにこういう悲しい思いをしているんだと深い気付きを得ました。

チベタンのすごく素敵なエネルギーも広げたいし、日本の、銃がなくて普通に夜も出かけられて買い物できる治安のいい安全な世界があるんだよと世界に広げるために。

この旅で強烈に感じました。

ダライ・ラマ法王に謁見がかなう

翌年２００１年は、ダライ・ラマ法王がいらっしゃるダラムサラに行きました。ヒマラヤを望む北インドの町です。ダライ・ラマ法王がご存命のうちに絶対お会いしたかったのです。

ところが5月1日に着いたのですが、「4月の終わり頃にもう一般謁見《えっけん》が行われた後なので、2～3週間はないでしょう」と言われてしまいました。

でもすぐに、「近くの体育館の落成式でダライ・ラマ法王が話をされていて、出てきたときに会える」という情報が入りました。そこに行ったら本当にお会いできて、翌日にはまた一般謁見が行われるということで、またお会いできました。儀式で使うカターという白い布を、肩にかけていただくことができたのです。

ダラムサラで私が一番感じたのは、「懐かしさ」でした。

そこはチベット仏教を自由にやっていて、兄弟のうちひとりはお寺に入れないといけないので（お坊さんか尼さんになる）、お坊さんの人口が多いのです。

道端で、一般の人とお坊さんのハイタッチや握手をしている光景がふつうに見られます。自然で自由で、ヒマラヤもあるし、「帰りたくないな、すごく懐かしいな」と思いました。

どこか記憶にある白い山が遠くに見えて、泊まっていたドミトリーのそばに尼さんの宿舎があって、50人ぐらいの尼さんがいるのですが、朝5時ぐらいから始まる読経の響きが、すごく気持ちよかったです。ヤギのような動物、ヤクのバターのろうそくの匂いも、獣《けもの》くさいけど好きなのです。わかるというか、覚えているという感覚です。

そこで出会ったあるお坊さんは、胸に傷がありました。中国側のチベットにいたときに拷問を受けてできた傷でした。「歩いてヒマラヤを越えて戻ってきた」と言います。「こんなにいい笑顔を見たことがない」というくらい、いい笑顔のお坊さんでしたが、そういう人が拷問に遭っている。

こんなにいい教えがあって、いい人なのに、「宗教では世界が平和にならない」ということです。「世界平和を実現するのは宗教じゃないんだな」とも感じました。

なぜ、こういう世界が世界中に広がらないんだろう。

ここが好きだ。

なぜ日本に戻らないといけないんだろう。会社に行かないといけないんだろう。

帰るときにそんな思いでいっぱいになりました。

「このチベット仏教みたいな平和なエネルギーを、日本で広げていくんだ、そのために日本に戻るんだ」と自分に言い聞かせました。

翌年、ダラムサラでまた会おうと約束していた人もいたので、またインドに行くつもりでしたが、ＳＡＲＳ《サーズ》が流行していたのでまわりにも止められ、中止しました。

それ以後、バックパック旅行はしていません。

大ちゃんが人間になった！　マシンのような人生からの転換

ゴールデンウィークにダラムサラを旅したのと同じ年、２００１年の12月末に、父から「１週間、内観の研修所に行ってきなさい」と言われました。

そのときもすごく反抗心はありながら、嫌だとは言えませんでした。

当時、私は仕事の製造部で不良品を出すことが多く、「それは親父への反抗心だから内観しなさい」と言われたのです。そう言われてよけいカチンときましたが、しょうがないと、会社が休みになった年末年始を全部それに充てることにしました。

仕事納めの日、全部終わって夕方車で帰るときに「人に言われて行くのも嫌だな」と思いながら運転していたら、後方にガツンと衝撃が走りました。もらい事故をしたのです。

「俺が原因だ！　メッセージ強いな」と強烈に感じました。

それで、反省の思いで内観に行きました。


私が行った研修所は2人部屋になっていましたが、内観者同士はいっさい会話しないルールになっていました。朝の挨拶もしません。無言で寝て起きて掃除します。掃除も食事も入浴も、内観しながら行います。

とにかく心を静めるための行を持つのです。

朝の5時から夜8時までは、両親や家族から「してもらったこと」「自分がして返したこと」「ご迷惑をおかけしたこと」を、0歳〜6歳、6〜9歳、9〜12歳と年代を区切って、26歳までのことをずっと思い出していきます。

畳半分のスペースに屏風を立てて座布団を敷き、座っていても寝ころがっても、どんな姿勢でいても自由です。

僧侶の長島先生という方が、１時間半ぐらいおきに部屋にやってきます。

「ただ今のお時間、どの方に対してどのようなことをお調べいただけたでしょうか」と聞かれるので、「母に対しての○歳から○歳まで観ていました。していただいたことはこうで……」と説明するのです。

月火水木、父母、きょうだい、祖父母と順にやって、すごく心が静まってきました。

木曜日ぐらいからは、すごくクリアに過去が見えるようになりました。

まだ洗面台に背がとどかない小さい頃、洗面台の上にひょいと乗って手を洗って、ズボンのお尻で手を拭いたとか、そんな記憶がはっきりよみがえるのです。

ひっくり返るくらい驚いたのが、小学校低学年の頃の、ある夏の記憶でした。

ひぐらしの声が聞こえて、網戸からぬるい風が入ってきます。ノースリーブを着た母と一緒に、洗濯物の山をきょうだい５人でたたんでいるのです。その母の姿を見ながら、私は「僕、この人大好き」と思っていました。

それまでは、高校ぐらいから自分がつきあう彼女を全員否定され、「別れろ」と言われたりしたので、母に対して「嫌い」のエネルギーが強かったのです。

それが、小学校のときの「お母さん大好き」という感覚を思い出してしまい、「お母さんのこと、好きだったんだ」と泣けてきました。

それから、いろいろなことが見えてきました。

内観の最中は、情景や相手のまなざしなどが、リアルな映像として浮かんできます。とくに罪悪感を感じるようなシーンは、それが顕著でした。

高校の文化祭のときです。私は実行委員長をやっていて、母と祖母が学校まで見に来ました。男子校だったのですが、文化祭のときだけは他校から女子生徒が来て華やぎます。

そういうところに自分の母と祖母が来たのがすごく恥ずかしくて、祖母が私に話しかけてきたとき、聞こえないふりをしてすっと立ち去ってしまったのです。祖母に寂しい思いをさせてしまったことに、胸が痛みました。

ほかにもまだまだありました。

故郷へ戻るときに引っ越しを手伝ってくれた昔の彼女に、自腹で新幹線で来てくれたのに、きちんとお礼をしなかったこと。小学生の頃、祖母の実家の隣家の窓ガラスをあやまって割ってしまい、恐怖で「ごめんなさい」と言えなかったこと。

あとから、彼女にはお金を入れた手紙を送りました。隣家のおばさんには菓子折りとガラス代を持ってお詫びに行き、快く受け取ってもらえました。

罪悪感が自分の中にたまりすぎてしまうと、自分を隠したり、寂しい思いで人にすがったり、という行動につながります。だから、「万一そういう行為をしたら、すぐその場で謝ることをしなければ」という、大きな反省がありました。

そういう昔の出来事を、内観でたくさん見せてもらうことができました。

１週間の内観が終わって部屋から出たとき、山の緑が「こんなにきれいなの？」というくらい輝いて、ものすごく透明に見えました。

家に戻ると、妹がこんなふうに言いました。

「大ちゃんが息してる！　人間になったみたい」

それまでは、私を「マシンみたいだ」と思っていたというのです。受験マシン、仕事マシン、空手マシン……。

「マシンのようだった」の意味は、要するに、それまでの私が人間関係を汲むことなくミッションに向かっていたということでしょう。

「人間になった」というのは、雰囲気やコミュニケーションのしかたが変化したのを、妹が感じ取って出てきた言葉だと思います。

あと1カ月で27歳となる1月7日のやりとりでした。

自分自身と向き合うことの大切さ

「人間は死ぬ前に走馬灯を見て、そのときに人生で味わったすべての感情を瞬間的に味わう」

内観研修所で聞いて一番ショックを受けたのが、この話でした。

その走馬灯の結果が、その人の死に顔になるというのです。

内観する中で、過去の記憶が鮮明な映像として見えるようになった私は、「走馬灯は確かにある」と思いました。

これは向き合わざるをえないな。そう思い、さらに深く自分の中に入っていったのです。

それまで、会社にいるときの私はずっと人間感覚を麻痺させていました。そして、「俺はこれだけやっているんだから」という意識があり、人をねぎらうことがありませんでした。

それが内観をしたことで、「親がこれだけ大変な思いをして自分のことをやってくれたんだ」「親ってこれだけ愛してくれたんだ」と、実感することができました。

社員との関係も、ただ自分が至らないから悪く言われたり攻撃されたわけじゃない。

「よくなってもらいたい」とか「ちゃんと一人前になって会社を継いでもらいたい」とか、そういう思いがあって言葉がきつかったんだろう。そんなふうに、少しずつ背景を汲み取れるようになっていきました。

これが、内観をした2001年の暮れから2002年正月にかけて起きたことです。この体験は、確かに自分自身と向き合うことの大切さ、人の感情や背景を汲み取ることの大切さを教えてくれました。

この内観が開けて半年後。6月8日に、**私の人生を強烈に開華させてくれた人＝現在の妻と出会います。**

私は思い込みから「ねばならない」が強烈に強い、自分を叩く人生を歩んできましたが、彼女は、「自分の大好きなことをやる。心に響かないことはやらない。直感に従って悦びのセンサーで生きる」という人生を歩んできました。全くの真逆です。

実際に私は受験受験で勉強を相当やりこみました。彼女は、高校も大学も推薦、就職は最後まで活動をやらず、ふと気になった企業に行ったら即合格。

私が内観で畳半分のところで1週間、年末年始を過ごしていた間、彼女は同じ時期に、船で世界一周をする団体、ピースボートで世界を周っていました。

初めて出会ったときは、「空気のようにそばにいてくれて、とっても自然な自分でいられる」という感覚でした。出会ってからどんどん映画以上に（？）奇跡的な展開が進んでいくのですが、ここは割愛させていただきます。

内観のおかげで私のエネルギーが動いたから出会えたのだなぁ……と感じています。

しかし、私自身の変化はまだ小さなものだったといわざるをえません。

それから会社を離れて塾を立ち上げる２０１３年までの間、この章で書いてきたように、私はさらに多くの困難にぶつかり、もがくことになったのです。

そのすべては自分が発するエネルギーが創り出した現象でした。

「悲しみ」を感じた先にあった世界

会社が閉業となり、２０１３年3月から、私は念願の塾をスタートさせることができました。

目指したのはただの塾ではなく、幕末の吉田松陰先生の松下村塾のように、子どもたちが「自分はこの道だ！」というのを発見して育っていってもらう塾でした。

でも、現実には学習塾でないと生徒が集まりません。そこで、得意な数学を教えながら「脳力開発を行う塾」ということで、授業が終わった後の30分で、メンタルや考え方や在り方や、人生のミッションの話を毎回することにしました。

だんだん生徒さんも集まり始め、経営のめども立ってきました。

それはよかったのですが、問題は、妻との関係でした。

以前からずっとでしたが、「俺はこれだけやっていて忙しいんだから、ママはこっちをやってよ。3人の子どもはまかせたからね」という感じで、妻の心を拾うとか寄り添うとか、そういうことをしていなかったのです。

妻のほうは、私が父の会社で働いている頃も「大ちゃんには向いてないから、会社をやるよりも、大ちゃんが本当に好きなことをやったらいいよ」と言って、私が本当の自分でいるためにとずっとサポートしてくれていました。

クリスタルボウルヒーリングなどもたくさんしてくれて、「何がやりたいか」に目を向けさせてくれました。妻のそういう後押しがあったからこそ、この道に入れたと思います。なのに私は、妻の心も汲みとらずに、昔からのクセでもあるのですが、「ミッションに向かってまっしぐら」という生き方をしていました。

塾がスタートして1年ぐらい経った頃、妻にこう言われました。

「大ちゃん、もういいよね。私がいなくてもいいよね。もう大丈夫でしょう。私が家にいても仕事ばっかりで……夫婦じゃないみたいだし……これ以上一緒にいても、私たち家族にとっても、大ちゃんが仕事全般に関わる人たちにとっても良くなるとは思えない」

そのとき私が思ったのは、「え、やってるじゃん！」ということでした。

世によくある、男性と女性の意識のギャップですね。

一生懸命仕事をして家族を支えているという自負があったので、「私はいてもいなくてもいいよね」と言われて、すごくショックを受けました。

それから、すったもんだが半年ぐらい続きました。

「悲しみの感情を感じ尽くしなさい」

そんな中、仕事の先行きのことで相談したいと思い、以前受けたスピリチュアルセッションをまた受けることにしました。

すると、妻に「大ちゃん、それだけじゃなくて、もっと聞くことがあるでしょう。私たちのことも聞いてみたら」と言われてしまい、本当は触れたくなかったのですが、最後に夫婦の問題について質問してみました。

カードを引くと、「あなたの目の前の出来事に、すべてイエスと言いなさい。あなたはすべてに守られています」というメッセージが出てきました。

「げー、妻がいなくなることに対して、イエスって言うのか！」と思った瞬間に、涙が止まらなくなってしまいました。

そのセッションの最中に言われたのは、**「悲しみを10日間ひたすら感じ尽くしなさい、**

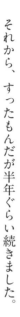

あなたは悲しみを封印しているから、悲しみの感情を感じ尽くしなさい。誰にも相談せず話さず、ひたすら悲しみを感じてください」ということでした。

私はその言葉に従って、次の日から、家の前の森に行って毎日毎日泣いていました。

その後1週間ぐらい、妻の顔を見られないくらいずっと泣いていました。

変化が訪れたのは、泣き続けてちょうど1週間目ぐらいでした。

「頬に風が当たる。風が幸せ、空気が幸せ」と感じるようになって、自分のすべてが自然界と一緒になった感覚がありました。

「全部幸せだったんだ！」と感じられたのです。

それで、なぜだか自分でもわからないのですが、「ママ、いいよ、行って。応援するから。ママも絶対に向こうで成功できるから」と言って、妻を応援する側になりました。全部大丈夫だからと。

それが2014年の春先のことで、同じ年の11月に、妻は遠くへ引っ越して仕事を始めるということで別居状態になりました。子どもたちはこちらに残り、私と私の母が世話をすることになりました。

「奥さんを一番大切にすることが世界平和の根幹だ！」

話は少し前後しますが、スピリチュアルセッションを受けた夏に、私は車をガードレールにぶつけました。幸いけがはなく、車も修理して直りました。

秋になって妻が家を離れてからも、自分で送り出したのに、「俺はこんなに苦しい思いをしているのに」というエゴがまた出てきました。

塾が終わって実家に預けている子どもを迎えに行き、夜中に洗濯機を回して……という生活。それにストレスを感じて、超イライラモードになっていたのです。

そして12月、また車をぶつけてつぶしました。なんと半年に2台もです。

「うわあ、また俺か」と思いました。

前をよく見ていなくて、イライラしていたのが原因です。

幸い、2度目もケガはありませんでしたが、「これだけやっているのに」という怒りが強烈にあったんだと思わされる出来事でした。

自分では妻との別居を受け入れているつもりでいましたが、まだまだ本当に受け入れることはできていなかったのです。

翌2015年1月、何人かで、とある企業の理事長で、尊敬する方に会いに行きました。妻と私たちの仲間は別々のルートで行って、現地で集まったのです。

理事長と対面で飲んでいたとき、妻とのことは何も話していなかったのですが、理事長が私をじっと見て、こうおっしゃいました。

「村松さんは揺らいどる！　世界平和の根幹は夫が妻をどうとるかや！　妻を大切にせん男は信用に足らん！　神様の前で誓うとるのに、その約束を守れんような男は！　とにかく奥さんを一番大切にすることが世界平和の根幹や！」

ガツンと言われて、それまでの自分は「俺はこれだけやっている」と主張するだけで、家庭を大切にできていなかったことに思い当たりました。

理事長の言葉で初めて、「大切にする」とはどういうことかがわかりました。

その晩、妻に「今まで悪かった。これからママを一生一番大切にするから」と、心から謝りました。妻が家を出たことをとがめる声も身近にありましたが、「それも俺が原因で起きていることだから、責任をもってオセロの黒を全部白にひっくり返すから」と言いました。

妻は、とても心に響いてくれ、安心したようでした。

そして「すべて宇宙の流れに委ねます」と言ったのです。

その後、数週間後に本当に「宇宙の流れ」と思える奇跡のような出来事がありました。詳細を書くことは控えますが、そのことで、私と妻は大きな喜びと悲しみを共有することになりました。それがきっかけで私たちはまた一緒に暮らすようになり、家族として再スタートを切ったのです。

悲しみの封印を解いて現れたのは「すべて安心」の世界

振り返ると、私は長い間悲しみを封印して生きていました。

「ネガティブはよくない、ポジティブでいろ」と両親に言われて育ってきたからです。子どものときも、きょうだいげんかをすると「怒ったりイライラすると体から毒素が出て、そのままごはんを食べると全部毒になってしまうから、仲直りするまでごはんはだめ」と言われて、けんかした同士が家の外に出されていました。

そういう環境だったので、だんだんイライラや怒りを感じなくするようになりました。親への反抗や悲しみの感情も、自分の中に抑え込むようになったのです。

しかし、そうやって封印しても感情自体が消えるわけではなく、見えないところでどんどんたまっていきます。

そうすると、その分、悲しみや怒りのエネルギーをたくさん発することになり、結果として、また悲しみや怒りを感じるような現象を見せられます。

私もそうでしたが、**人生がスムーズにいかない人はこの悪循環にはまっているのです。**

でも、自分次第でまったく逆のすばらしい現象を創り出すこともできます。

それが心底わかったので、今の私は、できるだけたくさんの人たちにそれを伝えるべく、塾やセミナーで話をしたり、ブログを書いたり、動画をアップしたりしているのです（自分の持っている感情が現象を創り出すしくみは、第2章をお読みいただくことで、より深く理解していただけることと思います）。

話を戻しましょう。

悲しみは封印しないほうがいいのは確かです。でも、みなさんの中には、昔の私のようにそれがクセになってしまっている方もいることでしょう。

その封印は、どうやって解いたらいいのでしょうか。

それは、**「ああ、これだけ悲しかったんだね、悲しいよね」と認め、自分自身に寄り添うこと。悲しみを「自分の持ち物だ」と認めてあげることです。**

私が森の中で毎日泣いて、自分の悲しみを認め、感じ尽くしたとき、そこで初めて自然とのつながり、深い安心を感じることができました。

内観を行ったときも瞬間的にそういう感覚はありましたが、「全部安心なんだ」と感じられたのは初めてです。泣いていたのに、**史上最高の幸せ感があったのです。**

もし悲しみを封印し続けていたら、そういう全体とのつながり感は得られなかったでしょう。

お釈迦様の言う「慈悲」には、「慈しみ」だけでなく、「悲しみ」も含まれています。**悲しみも愛なのです。**

仏教に「大慈大悲《だいじだいひ》」という言葉がありますが、これは広大無辺の慈悲、果てしなく大きい慈悲を表す言葉です。

自分が深い悲しみを味わったことがあるからこそ、相手の悲しみに寄り添えて、悲しみを取り除くことができます。

優しさだけが愛ではなく、全部の感情が愛の中にあります。

そのことを知るまで、私は「ポジティブシンキング」「明るく元気でネガティブは否定する」「怒りや悲しみは封印！」という生き方をしてきました。

でも、悲しみをたくさん味わえて、結果として、その悲しみも全部自分の財産になりました。そうすると、「これをされると悲しいな」というのがわかります。

また、他の方が悲しんでいることに対して、自分も悲しみを味わっているから、お相手の悲しみに共感し、寄り添うことができます。

すると、寄り添ってもらったお相手は、「ああ、理解してくれる人がいた」と悲しみが癒される。そのことによって、お相手の悲しみが取り除かれる。

すなわち、自分以外の人にも愛が届くことになります。

それが、お釈迦様の言いたい慈悲なんですね。

今回の出来事を通して、私も妻もお互いをより深く理解し、大切に思うことができました。また、世の中では多くの男女関係が辛い形になることが多いので、私たち夫婦の体験からの気付きを生かして、ご縁のある方々の男女関係がより良くなるようサポートさせていただくことができるようになりました。

第2章

新時代をスムーズに生きるための〝量子力学的生き方〟

見えない世界と現実をつなぐものとは？

自分がどんな意識を持つかで、起こる現象が変わる。

自分しだいで、それまでとまったく違う現実を引き寄せることもできる。

第1章では、その実例として、私自身が体験したことをお話しさせていただきました。

「そのとき自分がこうだったから、こういう現象が起こった」と説明を加えてありますが、もちろんその渦中ではわからず、あとで腑《ふ》に落ちたこともたくさんあります。


最も大きな気づきがあったのは、塾をスタートさせてしばらく経った頃でした。

学習塾の形をとっていたものの、究極の目的は勉強を教えることではなく「世界平和につながる教育」で、それは今も変わりません。

その塾で、子どもたちの「好き」や「得意」を伸ばすサポートをしながら、毎日の授業の後には必ず「心」「考え」「在り方」「人生のミッション」など、目に見えないものについて話していました。

そうやって子どもたちに教える中で、「自分しだいで現実が変わることを、どうしたらもっと効果的に、わかりやすく伝えられるだろう」と、日々考えていました。

そうしたらあるとき、**「私たちの意識は素粒子のフォトン（光子）だ」**という話を聞き、はたと気づいたのです。

意識は素粒子？　素粒子だったら、イコール波だから、波で全部説明できるぞ。

うれしい、むかつく、幸せ、どうせ俺なんて……。

自分がそういう波を出せば、その波で外界とやりとりするから、その意識が現象をつくっていることになる。今までいろいろな人たちが言っていた見えない世界は、素粒子で説明がつくじゃないか！

さっそく、その世界の探求を始めました。

もともと理系の人間で物理も得意分野でしたから、量子力学の学びを進めるのに大きな苦労は感じませんでした。

こうして今では大人の方々も対象に、量子力学や心理学などに基づいた「脳力開発法」や「夢をかなえる方法」をお伝えするようになったのです。

量子力学とはどんな学問か

ここからは、量子力学の観点から、私たちの「意識」と「現実」の関係を考えていきたいと思います。

その前に、「量子力学って何？」というところからお話ししていきましょう。

簡単に言えば、量子力学とはミクロの世界を扱う学問です。

量子とは「とても小さなエネルギーや物質を表す言葉」と覚えておいてください。

とても小さな量子はどれくらい小さいのか、イメージが伝わりやすいように、人間の体を例に、順を追って見ていきましょう。

【みんなの体のもと①】

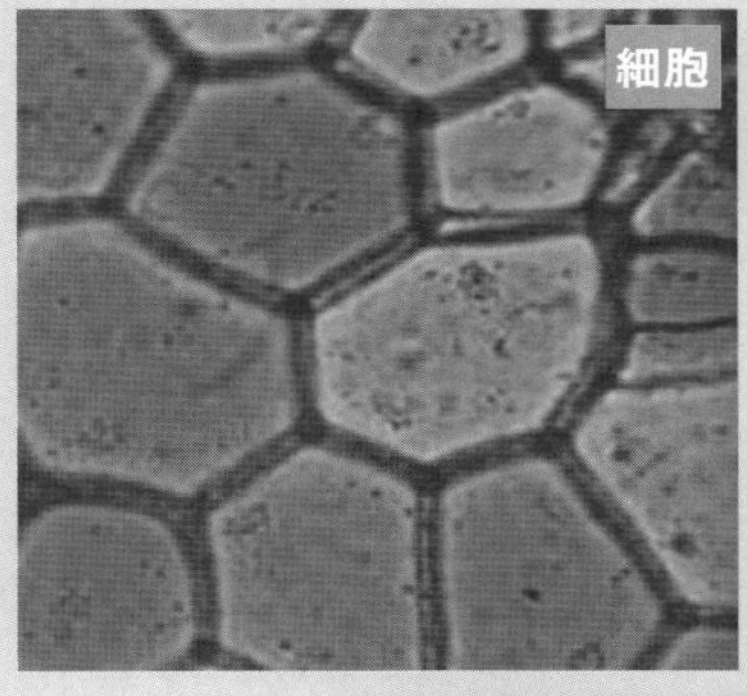
細胞

肉体

原子

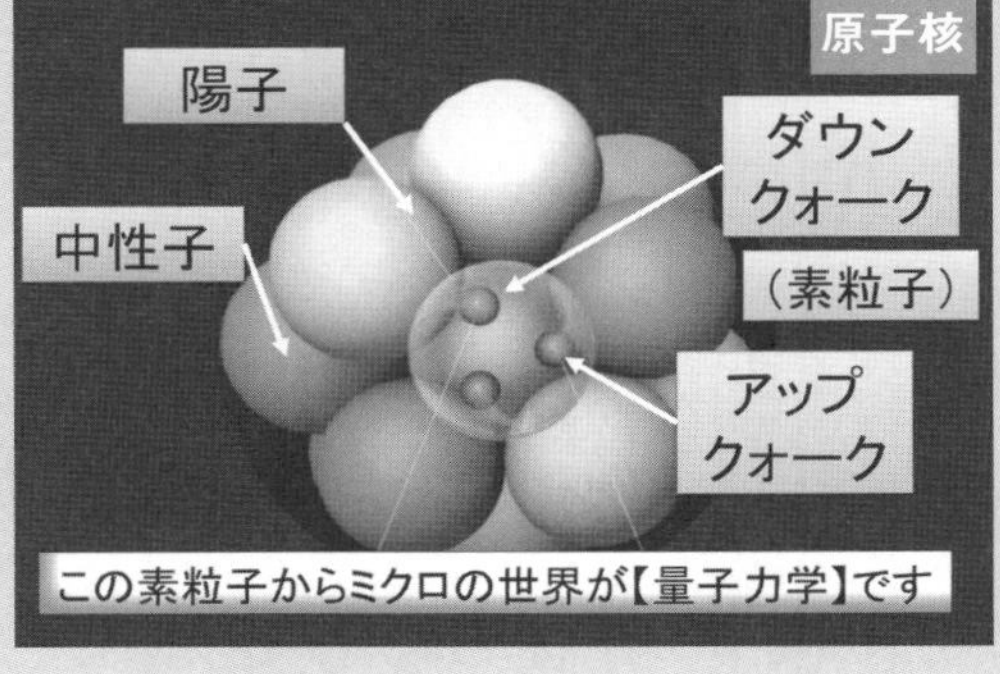
原子核
陽子
中性子
ダウン
クォーク
（素粒子）
アップ
クォーク
この素粒子からミクロの世界が【量子力学】です

【みんなの体のもと②】

古典物理学
『物質』
➡『もの』
肉体
各器官
細胞
2.5μm〜200μm
分子
原子
1A=10⁻¹⁰m
原子核
陽子・中性子
素粒子
10⁻¹⁹m 以下
ひも
$\ell p=\sqrt{\frac{\hbar G}{c^3}}$
≈1.616 199(97)×10⁻³⁵m
ゼロポイント
フィールド
サムシング
グレート
量子力学
『粒子性と波動性』
➡『もの＆エネルギー』

私たちの目に見える肉体。その肉体は、細胞でできています。

その細胞は分子でできていて、分子は原子でできています。

原子を調べると、その中にもっと小さな陽子や中性子が見つかります。

このへんまでは、化学の授業で習ってなじみがある方も多いでしょう。

でも、陽子や中性子を構成している、もっと小さな物質やエネルギーもあります。

それが素粒子です。

最も小さいもので、10のマイナス30乗ｃｍぐらい、さらには「大きさのない素粒子」もあります。

つまり、「体」という目に見える物質を極限まで分割していくと、顕微鏡で見ることも到底不可能な、とんでもなく小さな「素粒子」にたどり着くわけです。

あらためて大きい順に並べてみましょう。

細胞→分子→原子→陽子・中性子→素粒子

このうち、分子や原子以下の「小さな世界」、陽子や中性子や素粒子などを扱っているのが量子力学で、量子力学ではない側が古典力学です。

なぜそういう区別があるかというと、量子の世界には、目に見える大きな世界をつかさどる法則とはかなり違った、不思議な法則がはたらいているからです。

私たちの「意識」は「フォトン」という素粒子

とくに興味深いのは、素粒子です。

さきほどは人間の体を例に挙げましたが、人間だけでなく、動物も魚も植物も、また、生き物ではない鉱物や、私たちをとりまく空気や水さえも、あらゆるものが素粒子からできています。

この素粒子には、次のような不思議な性質があります。

① 粒でもあり、波でもある

②　時間の概念がない
③　観察意識をすると存在確率が1に近付く

初めて聞いた人には、「一体何のことやら」ですよね。

私たちの世界の常識では、粒と波は別モノです。時間はつねに一定方向に進み、私たちは過去、現在、未来の枠の中で生きています。ひとりの人間が別々の場所に同時に存在することなどできません。

ところが、それらの常識が全部ひっくり返ってしまうのが、素粒子の世界なのです。

粒でもあり、波でもある。

時間の概念が存在しない。

分身の術みたいなことができる。

もう少し詳しい説明はあとにするとして、ここでは「そういう性質がある」ということだけ、頭に入れていただければけっこうです。

さて、素粒子にはいくつかの種類があります。

その中でも私が一番注目しているのは、**フォトン（光子）です。**

この章の初めのほうでも出てきたように、フォトンは光を構成する素粒子ですが、なぜこれが重要なのかというと、**私たちの「意識」や「感情」の正体は、このフォトンだからです。**


「意識とは光だ」

こう断言しているのが、ドイツの理論生物物理学者、フリッツ・アルバート・ポップ博士です。言葉を正しく引用すると、こうなります。

「意識とはコヒーレント（共時的）な光（フォトン）である。脳内だけでなく体のあらゆる部分（全細胞）で生じる全体現象である」


ちょっと言い回しが難しいので、違う言い方をしてみましょう。

つまり、意識とは脳みそで「俺はできる」と思ったり、「うれしい」と感じたりすることだけを指すのではなく、全身の細胞が放っている光＝フォトンだというわけです。博士はすでに、生物のＤＮＡの中に「バイオフォトン（生体光子）」が存在することも確認しています。

それは、人間だけでなく、犬も鳥も魚も植物も、すべての生命がバイオフォトンを飛ばしていることを意味します。

実際に、真っ暗な場所で高精度ＣＣＤカメラを使って観測すると、ちゃんとその光を写真に撮ることができます。あるヒーラーさんがヒーリングをしているときに、右手から強烈な光が出ているところも写真に残っています。

そうやって私たちは、**光として意識を飛ばしているのです。**

自分の出す周波数（振動数）に応じた世界が展開される

意識がフォトンだということは、イコール「粒でもあり、波でもある」ということです。素粒子の性質の、「①粒でもあり、波でもある」を思い出してください。

とりあえず、「粒である」というのはイメージしやすいですよね。

でも、ここでもっと重要なのは、波の性質も併せ持っているという部分です。


波にはそれぞれ周波数（振動数）があります。

たとえば、テレビの電波をイメージするとわかりやすいですね。

〇〇ヘルツという周波数ごとに、「フジテレビの世界」とか「ＮＨＫの世界」とか、違う世界が展開されています。見たいテレビ局にチャンネルを合わせれば、その周波数で運ばれてくるさまざまな情報をキャッチできます。

私たちの意識も波なので、つねに何らかの周波数を出しています。テレビ局と同じように、**その周波数帯に応じた世界を生み出しているのです。**

たとえば、「幸せだ」という周波数の波を出していると、その人は幸せな情報をたくさん拾うし、ムカついていると、ムカつく情報ばかり拾ってしまいます。

たとえば何人かで同じファミリーレストランに行って、そこで子どもたちが騒いでいたとします。「うるさいなあ」と思うＡさんもいれば、「元気でいいわね」と感じるＢさ

【周波数に応じた世界】

んもいます。

同じ場所で同じ現象を見ても、それぞれの周波数帯で、違ったとらえ方をするわけです。

私たちは、自分がどういう周波数の波を出しているかによって、生きている世界が違うといえるのです。

私たちは超高速で点滅する光の集まり

夜の工事現場などで、ＬＥＤ看板に映し出された警備員さんの映像が、交通誘導をしているのを見かけることがあります。

ＬＥＤで合成されたこの映像は、けっこうリアルな動きで旗を振ったりしますが、実はパラパラマンガのように超高速で点滅する光の集まりなのです。

量子レベルで見ると、私たちもこれと同じです。

あらゆるものは素粒子でできているので、**人間も含めたあらゆるものは、実は、考え**

られないほど超高速で点滅する素粒子の集まりにすぎません。

たとえば、「私、幸せ」と思っているときの光がピンクだとしたら、幸せな人はいつもピンクの光を点滅させています。

でも、嫌なことが起こったり、昔の恐怖を思い出したりして、「わっ、最悪」と感じると、その瞬間にグレーの光が点滅します。

これがミクロの世界で起こっていることです。

私たちの目には「人間としての姿」しか映りませんが、量子レベルの私たちは、いわばＬＥＤの点滅のつながりのようなものです。

私たちの本質は素粒子であり、そのうちの「意識」や「感情」は、点滅する光であり、波なのです。

「引き寄せの法則」も量子力学で説明できる

自分が出している周波数によって、現象が変わる。

「それって引き寄せの法則だよね」と思いませんでしたか?

そうです。実際に、そのしくみは量子力学で説明することができます。ともに目に見えないものを扱うスピリチュアルと量子力学は、相性がいいのです。

引き寄せの法則に関してよくある誤解は、「いいことばかり引き寄せられる」と思われがちなことです。

でも、違います。**幸せなことも悪いことも、すべて自分が引き寄せています。**

「うわっ、最悪」と思っているときは、「最悪フォトン」を飛ばすので、まわりと最悪の周波数で呼び合って、また最悪なことがやってくる。それだけなのです。

フォトン(光子)がなぜ呼び合うのかというと、これも「フォトンが波だから」です。

波には周波数があります。

そして、同じ周波数の波同士は共振現象を起こします。

たとえば、440ヘルツの音叉《おんさ》をハンマーで鳴らすと、近くにある同じ440ヘルツの音叉が、何もしないのに鳴り出します。こういうものが共振現象です。

同じように、自分がある周波数を出すと、それと同じ周波数を出しているあらゆるものが共振し、集まってきます。そして現象として目の前に現れるわけです。

これが、「引き寄せの法則」のメカニズムです。

ほうっておけば、今出しているのと同じ周波数のものがひたすら引き寄せられてきます。

もし、自分が望むようなこと、たとえば「ありがとう」と感謝したくなる出来事を引き寄せたいなら、その方法はひとつ。自分が「ありがとう」の周波数を出すことです。

イメージと感情がしっかり出ると、強烈な物質化現象になる

フォトンが特定の現象を起こすことについては、別の角度からの興味深い考察もあります。

フォトンが波として飛び出すとき、それは「電磁波」として私たちのまわりを飛び交っています。フォトンの波が電磁波です。携帯電話、電子レンジ、レントゲンが出しているのと同じ電磁波です。可視光線も電磁波です。

そもそも電磁波とは何かというと、「電気的な振動と磁気的な振動が空間を伝わる現象」と説明できます。つまり、「電の波」と「磁の波」が合わさったものがビューンと走っている、それがフォトンなのです。

このことをふまえて、**「電磁波の『電』がイメージで、『磁』が感情。それが両方出ることで物質化現象が起こる」**とするモデルもあります。

まだ理論の段階で、実験などで証明されてはいないのですが、クリスト・リターンズさんという人が提唱している考え方です。

この理論では、たとえば「優しいだんなさんと素敵なおうちに住んで、素敵な車があって」とイメージすると、「電」が出ます。それに対して、「私、なんて幸せなんでしょう、もう最高！」と幸せを感じると「磁」も出て、**イメージと感情が両方出るので、正常な電磁波＝フォトンが出て物質化します。**

逆に、幸せな家庭を想像することはできても、「今まで彼氏できたことないし、私なんかじゃ無理」と思って**喜びや幸せの感情が生まれなければ、電磁波は飛ばず、物質化しないというわけです。**

「イメージと感情がしっかり調和して出されたときこそ、強烈な物質化現象になってくる」という考え方には、とても共感します。

私自身も、塾やセミナーの生徒さんやスタッフたちも、実際にそういう体験をしているからです。

【イメージと感情で願いがかなう】

「よし、これをやろう！」という考えやイメージが、純粋でブレていない。そのイメージに「わあ、すごい！　ありがたいなあ」といった情熱的な感情移入をする。

その二つがちゃんとできたときほど、願いがかなっているのです。

それが達成されたところを想像して「うわ、すごい！　よくがんばったじゃん！」とか「素晴らしい！」みたいな情熱を感じる、これは大事なポイントだと思います。

イメージができてもうまく感情が出てこないという人は、感情を強烈に味わう練習をしてみましょう。

チャンネル登録者１００万人を抱えるＹｏｕＴｕｂｅｒ、鴨頭嘉人《かもがしらよしひと》さんは、感情を豊かにするために、深夜の映画館を利用しています。そこでひとりきりになるのを見計らって大号泣したり叫んだりして、感情をアップダウンさせているのだそうです。

日常の中でできることもいろいろありますね。

道を歩いていて花が咲いていたら、オーバーなくらいに感情を込めて「うわあ、すっごくきれーい！」と言ってみる。子どもをほめるときも「すごい！　マジよくできたじゃん！」みたいに、相手がビクつくくらい強烈にほめてあげる。そういう練習をしてみてはどうでしょうか。

すべてのものが生み出される、ゼロポイントフィールド

ここまでフォトンという素粒子を取り上げて、フォトンと、私たちにとっての「現実」が生み出されるしくみについてお話ししてきました。

素粒子は「物質を構成する最小単位」ですが、「そもそもそれは、どこから生まれてくるのだろう」という疑問がわいてきませんか？

再び90ページの図を参照してください。

上部の肉体～細胞～原子～陽子が古典物理学の大きな世界。分子原子は古典力学とも量子力学ともとられますが、分子からミクロの世界が量子力学の小さな世界です。

小さな世界は、私たちが五感でとらえられない「モワモワ」の世界です。図を左から順に見ていくと、私たちの肉体があり、細胞があり、原子があって、電子や中性子があって、素粒子があります。私たちの感情であるフォトンも、モワモワした状態で原子の中を飛び交っています。

素粒子が実際にどんな形をしているか、見ることができた人はいないのですが、「超ひも理論」という最先端の仮説では、ひもの形をしているとされています。

では、そのひもが生み出される場所とは？

その場所こそ、アインシュタインが伝えていたエネルギー場である「ゼロポイントフィールド」です。

ゼロという言葉がついていますが、何もないという意味ではありません。

絶対零度マイナス２７３度で熱のエネルギーがないはずなのに、莫大なエネルギーが動いている場所です。

「そもそもビッグバンが始まる前から、宇宙にあまねく存在しているすべての情報の源

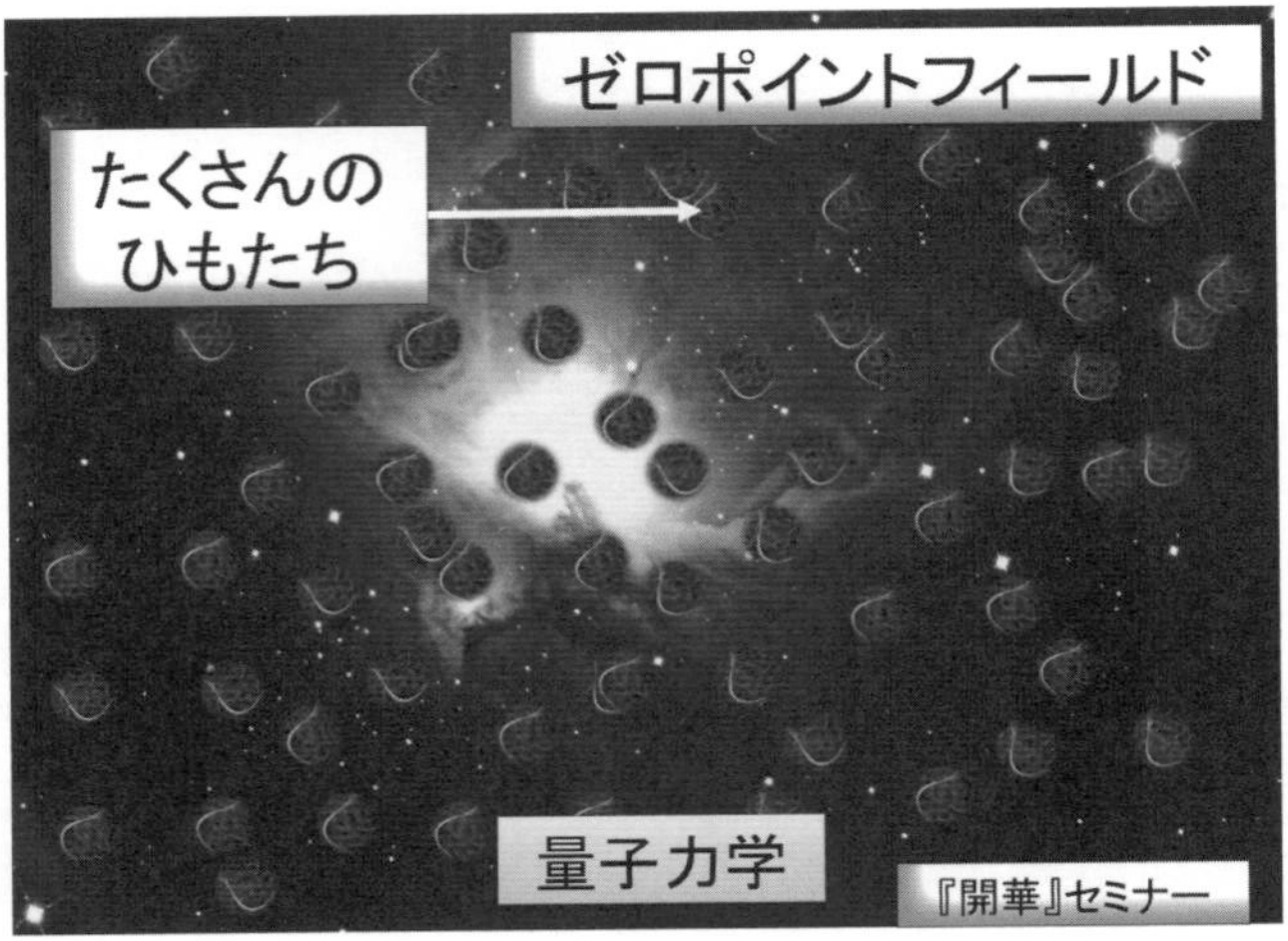

だ」と。

つまり、**そこからすべてのものが生み出されているというのです。**

ということは、素粒子＝ひもは瞬間瞬間、ゼロポイントフィールドから生み出されているので、**「私たちの素はゼロポイントフィールド」ということになります。**

私たちを形づくる細胞、原子（水素、酸素、炭素、窒素）、身のまわりの銅、アルミニウムなども、全部ゼロポイントフィールドから生まれてきています。

私の源もあなたの源もゼロポイントフィールドで、「ここは誰の源」という境がないのです。火星人も、幽霊も、アンドロメダの星そのものも、全部ゼロポイントフィールドの結果です。

そこへ行くと、何もかも一緒で区別がありません。

お釈迦様が見てきた「空《くう》」というのも、量子力学的に言えばゼロポイントフィールドで、「すべて一つ」という領域です。

意識をずらせば必ず「すべては一つ」という領域があるのです。

けれど、私たちは目に見えるものしか見えていません。

だから、アインシュタインが言ったように「視覚でだまされて」、周囲をモノとして見てしまいます。人を見るときも、顔つきを見てその人の言動をジャッジしたりします。

でも、そうやって私たちが見ている現象も、結局はこのゼロポイントフィールドの結果です。

ゼロポイントフィールドは魂の源

私たちの「意識の本質」や「魂の源」も、ゼロポイントフィールドにあります。

哲学者・未来学者のアーヴィン・ラズロ博士は、このゼロポイントフィールドにあるものを「愛」というふうに伝えています。

ラズロ博士は、世界賢人会議「ブダペストクラブ」の主宰者で、天才ピアニストでもあります。２００４年、２００５年の2回、ノーベル平和賞にノミネートされています。

その博士の言葉にこういうものがあります。

「愛は私とあなたとが〝別々の存在ではない〟ということを知っている」

ゼロポイントフィールド側、愛の側から見れば、私とあなたの差はないのですよ、と伝えているわけですね。

アインシュタインも同じようなことを言っています。

「一人ひとりに与えられた魂は、宇宙を動かしているのと同じ生きたスピリットによって動かされている」

つまり、ゼロポイントフィールド側の周波数によって、私たちの魂は生かされているということです。

こういうことを１００年も前にアインシュタインが言ってくれているのは、すごくうれしいことですよね。

また、アインシュタインは、エネルギーの永続性にもふれ、

「物質には永続性はないが、エネルギーにはある。滅びない。エネルギーと結びついた物質が宇宙の実態なのだ」と説明しています。

私たちの体は滅びるけれど、エネルギーは消滅することなく存在し続ける。

ゼロポイントフィールドから出てきた素粒子が、この宇宙のすべてをつくっているということです。

彼が神について、もっとストレートに語った言葉もあります。

「宇宙を支配する調和した法則の中で、私は毎日彼と対話する。私は畏怖にもとづく宗

教を認めない。わが神は、その法則を通して語りかける」


これをわかりやすく言い換えると、こんなふうになります。

ゼロポイントフィールドの本質の中で、私は毎日神と対話する。

私は、「地獄に落ちるぞ」と脅すような宗教は認めない。

宇宙のゼロポイントフィールド側のしくみである神は、生物の生命活動や川の流れや地球の回転……宇宙に存在するすべてに、まんべんなく法則をはたらかせている。


ゼロポイントフィールドが、アインシュタインが言った、**私たちの魂を生かしている宇宙をつかさどるエネルギーです。**


自分がグレーの意識であれば、ゼロポイントフィールドから来た振動数をグレーで見ているし、青で見ていれば世界を青で見ている、オレンジで見ていればオレンジで見ている。そういうふうに物質化していて、出来事自体は変えられません。

でも自分が出す周波数が変わると現象が変わって見えるので、**出発点は全部自分なの**

です。

たとえば、自分の夫や妻が全然話を聞いてくれないのも、自分が起こした現象です。でも、**自分の周波数が変われば、一瞬で現象が変わります。**

92ページ（私たちの「意識」は「フォトン」という素粒子）で述べたように、素粒子の世界には時間の概念がありません（「素粒子の性質には、「②時間の概念がない」という特徴も挙げてありましたね）。

フォトンは、超高速で点滅を繰り返す光でしかないので、たとえば自分が出す光をオレンジに変えた瞬間に、自分の世界がオレンジで点滅するようになります。

顕微鏡でモノを見てピントをどんどんずらしていくと、最後にはもう、超高速で振動する素粒子しかそこにはありません。

今ここでそれが起こっているのです（厳密には見えません。ミクロに見るイメージです）。

信じなさいと言っているのではなく、量子の世界ではそうなっているのです。

それが発する周波数の結果として、体があり、イスや机があり、人間関係があるのです。

すべての人は引き寄せをしている

私たちから見て幸せなことも、ムカつくことも、悲しいことも、すべては自分が出した周波数の結果です。

すべての人はバイオフォトンを飛ばしているので、意識するかどうかに関係なく、すべての人が引き寄せをしています。


避けようのない悲しいこともあります。

たとえば、ある程度の年月を生きていると、絶対にまわりの誰かが亡くなりますよね。

ある人が、おばあちゃんを亡くして悲しみの涙を流しました。

そのとき、「私が悲しみを持っているから、おばあちゃんが死ぬのが悲しいのかしら」と考えるよりも、生きてきた中でさまざまな感情を経験したことによって、悲しみを感じるのだと受け止めてください。それは、自分の「愛の切り札」が増えたからこそ、人に寄り添えるようになったということなのです。

体もモノなので、車と同じで長年使っていれば故障が起こります。

あとはどういう周波数を持っているかで、故障が早めに来るか遅めに来るかが決まります。

病気になったときは、手術で病巣を切り取ったり薬で治して終わりではなく、「私はずいぶん暴飲暴食していたな」とか、「寂しさからそういうことをしていたんだな」とか、そこにあるメッセージを汲んであげることが大切です。

自分を大切にする方向に生き方が変わると、フォトンの発する周波数が変わり、自分の細胞に浴びせている周波数が変わるので、細胞の周波数も生命力を高めるほうに変わります。

死や病気にかぎらず、どんな出来事にもメッセージは見つけられます。

それができるかどうかは、「まわりのせいだ」と思うか、「全部自分の出している周波数の結果だ」と思うかで分かれるでしょう。

また、ひとつの出来事でも、人によって汲み取り方はまったく違います。

出来事自体はゼロポイントフィールドから来た結果なので、そこにはいろいろな周波数がたたみ込まれていて、それをその人がどんな色の光で見るか、グレーなのか青なのかオレンジなのか、どんな周波数で見るかによって、まったく違って見える。

たとえば、突然の解雇などの出来事があったとき、会社にクレームを出すのか、「新しい道にようやく行ける」と思うか、「自分の可能性を試されている」と思うのか。

「それまでの自分が出していた周波数はどうだっただろう」と振り返るのか。

同じ出来事でも本人がどういう意識で見るかによって、全然違って見えますよね。

最悪にも幸せにもなれる！　この世はパラレルワールド

パラレルワールドとは、「この世界と並行して存在する、いくつもの別の世界がある」という考え方ですが、それだけでは表面的すぎてわかりづらいですよね。

この概念をとらえるのにいくつか説があります。

たとえば「銀河系が何カ所かあり、それぞれ別の世界を展開している」とか、「今この場にすべての世界がある」というとらえ方です。

東京大学名誉教授の矢作《やはぎ》直樹先生は「今ここに全部の周波数帯が入っている」とおっしゃっていて、私もすごく納得できました。

誰かにアドバイスされたときに自分が見ている周波数によって、「うるさい」と思うパラレルワールドと、「そういう考え方もあるんだな。ありがとう」と思うパラレルワールドがある。

そんなふうに、**その人の意識で世界が違ってくるというのがパラレルワールド**であり、

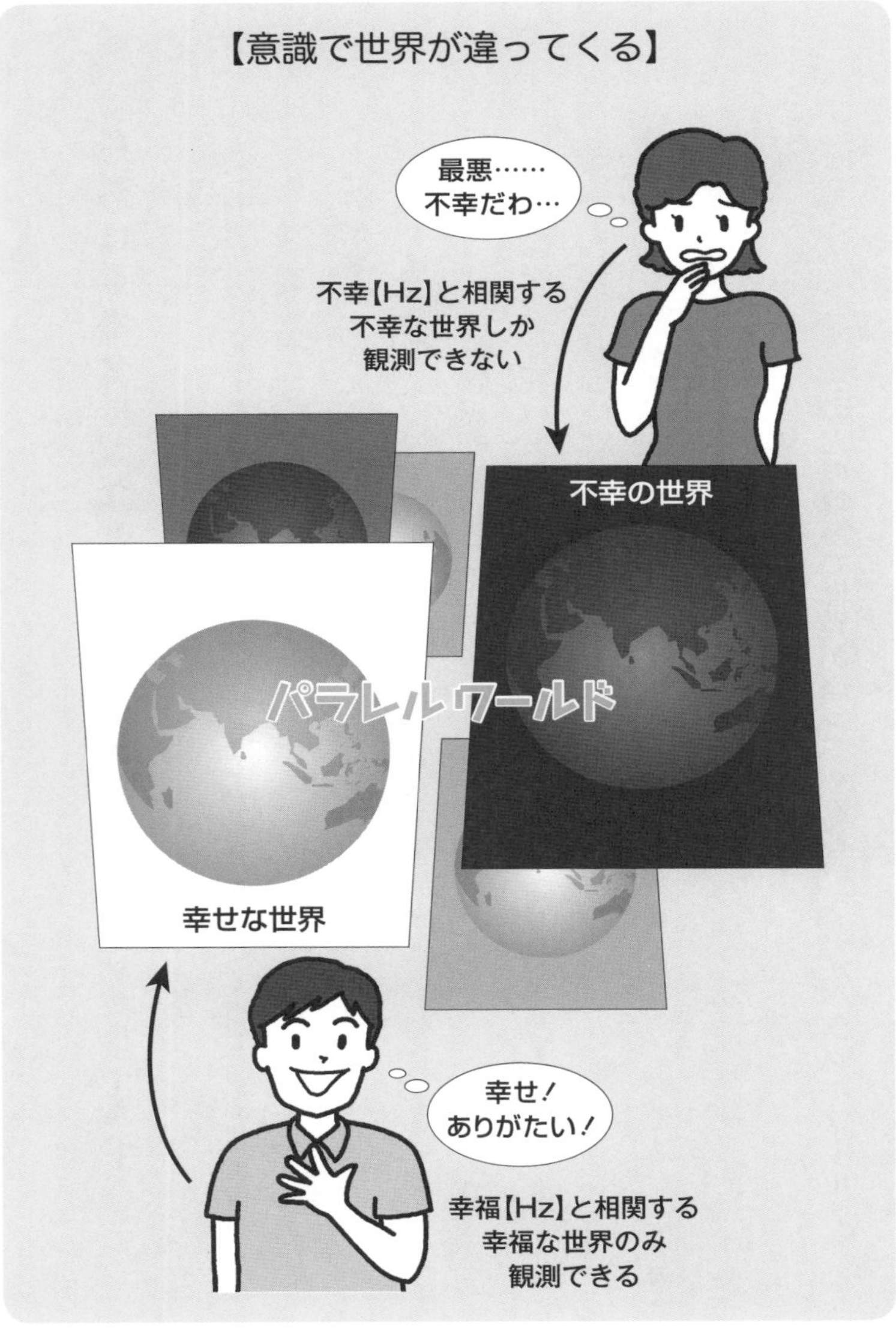
【意識で世界が違ってくる】
最悪……
不幸だわ…
不幸【Hz】と相関する
不幸な世界しか
観測できない
不幸の世界
パラレルワールド
幸せな世界
幸せ！
ありがたい！
幸福【Hz】と相関する
幸福な世界のみ
観測できる

それは「今ここにあらゆる周波数帯がある」ということとイコールなのです。

ちょっと言葉は難しいですが、プリンストン大学のヒュー・エヴェレット博士が、量子力学の多世界解釈としてパラレルワールドのことを次のように言っています。

「観測者のひとつの世界の主観では、相関した世界のみが観測可能な世界であって、相関していない他の世界は観測できない」

つまり、「うわっ、最悪」「不幸」と思っている人の世界では、それと関係し合った不幸の世界だけを見ることができていて、相関していない幸せな世界は観測できない。

「めちゃ幸せ、ありがたいな」と思っている人の世界では、相関した幸せな世界しか見ることができなくて、関係していない不幸の世界は見ることができない。

それがこの人の多世界解釈ですが、私がとらえるパラレルワールドもそういう感覚です。

一瞬で世界が変わるわけ
——感謝を探して周波数を変えてみたら……

私たちが存在する「今、ここ」には、「うれしい」「ありがとう」「ワクワクする」「イヤだな」「イライラ」「悲しい」「自分なんて」……それらの周波数帯の過去、現在、未来すべてが存在しています。

「ありがとう」と思っていると、現在だけでなく過去も未来も、ずっと「ありがとうの周波数」で存在しています。

ポジティブもネガティブも、あらゆる周波数が全部ゼロポイントフィールドにたたみ込まれていて、「自分がどこの周波数帯で見るか」でしかないのです。

すべてがここにあるので、「嫌だな」という周波数になった瞬間に、そこに過去の嫌な出来事までドカッと乗ってきます。それを痛感したのが、次のような体験でした。

２０１８年、京都でＳＴＳフォーラムという科学技術の国際会議が開かれました。

世界からノーベル賞受賞者が十数人も来るというので、２０００人のうち日本人の参加枠が３００人ぐらいのところに、参加させていただきました。

セッションは全部英語なのですが、私はこれから世界に出て仕事をしたいと思っているので、「自分はとにかく英語で恥をかかないと、勉強しないだろう」と思って、モチベーションを上げるために行ったのです。

傍聴するだけでもよかったのですが、せっかくだからと思い、人工知能についてのディスカッションに参加してみました。

ところが、自己紹介の後はもうついていけません。単語がちょっとは頭に入るのですが、自分の意見を考えているうちに、もう次のテーマに移ってしまうという有様で、どんどん恥ずかしくなってきました。「これは90分持たない、トイレに行くふりをして退席してしまおうか……」とさえ考えました。

「挑戦しよう」から「逃げたい」という周波数になっていたのです。

すると突然、高校時代に空手の試合で遠征したときのことを思い出しました。相手はすごい強豪校で、「逃げたい」と思いながら、防具を持って試合の順番を待っているシーンが浮かんできたのです。

さらに小学校1年のときに、大嫌いなプールの授業から逃げたくて、仮病を使って休もうとしたときのことも浮かんできました。担任の先生の「ウソ言っているよね」というまなざしを感じた、その苦い周波数が、会議に参加しながら出てきたのです。

まさに自分がセミナーの中で話している、「過去も未来も関係なく、全部その出来事がここにある」という現象が、バンとやってきたのです。「イヤだな、逃げたいけど」になった瞬間、30〜35年前の出来事が「今」私の中に出てきたのです。

そのときに私がやったのは、「感謝を探すこと」でした。

逃げたい状況の中の**感謝を探して、周波数を変えることを意図したのです。**

「このフォーラムに来させてもらえてありがたい」

「参加費も宿泊費も払えることがありがたい」

「留守の間、スタッフが仕事を回してくれてありがたい」

「妻も家庭を守ってくれて、家のことをやってくれてありがたい」

「ＳＴＳフォーラムに出させてくれた代議士さんにも感謝」というふうに。

そうしたら落ち着いてきて、英語力も大学時代のレベルに回復して、同じ時間の中で

「みんな、すごいことを言っているな」と理解できるようになってきました。

とくに印象的だったのは、「ワンプラネット」という言葉です。「地球」と言わずに

「一つの惑星」に私たちは住んでいると、みんながそう表現していたのです。

最先端の科学者や専門家、国の代表の人たちが、ワンプラネットと言い、官民一体となってＳＤＧｓで持続可能な社会を作っていこうと話している。すごいなと思いました。

もし途中で荷物を持って逃げていたら、そういう感動を味わうこともなく、また同じ「嫌だな」の世界が広がってしまったでしょう。

あなたもネガティブな感情が湧いてきたときは、一息ついて、感謝を探してみてください。必ず世界が変わります。

自分が見たいパラレルワールドを意識する

さきほどの話には、後日談があります。

STSフォーラムでちゃんと恥をかくことができて、「嫌なことがあったら逃げればいいや」という周波数を作らずに済んだので、いよいよ、以前からの「英語をちゃんと学ぶ」という計画を、前に進める気になりました。

それで、フォーラム期間中の月曜日の晩に、フェイスブックで「私に英語を教えてくれる人募集」という投稿をしてみたのです。

するとすぐ翌朝、ある友人が「村松さん、この人ピッタリだと思いますよ」と、翻訳や通訳をされている五十嵐夕子さんを紹介してくれました。

五十嵐さんと話をしてすぐに意気投合し、翌週から英語のレッスンを受け始めました。

そして翌2019年、シアトルで小規模のセミナーを開くことができました。

あの日ディスカッションの場から逃げないで、感謝の周波数が見せてくれるパラレルワールドを選んで本当によかったと思います。

そのおかげで、「世界平和の教育を海外にも広げる」という目標に、また一歩近づくことができたのです。


パラレルワールドの切り替えには、普段からそれを意識しておくことが大切です。

私も、**「どんなときでも自分が見たいパラレルワールドに変えること」を意識して生活しています。**


ありがちな例ですが、誰かに「ちょっと話があるんだけど」と言われることってありますよね。会社の上司、仕事仲間、妻、夫……。相手が誰でも、ドキッとしてしまう人が多いのではないでしょうか。

これは「何かあったらまずい、逃げよう」という人間の生存本能からくるクセでもあって、リスクマネジメントとしては有効です。でも、そこから悪い想像を広げてしまうと周波数が一気に下がるので、それはなんとか食い止めたいですよね。

かつての私も、そういうときはドキッとして、「また嫌なこと言われるかな」と考えてしまい、低い周波数のパラレルワールドに行っていました。

周波数（振動数）が高いとエネルギーは高くなり、周波数が低いとエネルギーも低くなります。

私が妻から相談など受けたとき、めんどくさくなってつい私から「その話の件は前にも言ったでしょ！」と言ったりして、ちゃんと話を聞かなかったのです。そうすると、「また聞いてくれないのね」となって、よくない方向へ進みます。

でも、関係を壊す方向には進めたくないので、「そうか、物言いしてくれるくらい、よりよくしたいんだな」「時間を割いてまで俺と話をして、より改善したいんだな」という感謝に変えます。

そして、「わざわざ時間を割いて伝えてくれて、ありがとう」と言って話を聞いて、「自分はこうなんだ」と現状を伝えたり、「これは、俺はできないんだけど、やってもらえるかな？」と協力を頼んだり、そのときに応じて、よりよくなる側に周波数を上げることができます。

つまり、**自分がありがとう側にいくと、そこで世界が進むのです。**

私のように、妻から「話がある」と言われて、それが別れ話だったというつらい記憶があったとしても、そこから来る感情はありつつも、**自分のパラレルワールドを感謝側に変えていくのです。**

「妻の心をより汲めるようになる」とか、「話し合うことによって自分の幅が広がる、器が広がる」、だからありがたいと思って話を聞く。「そうだったんだ、大変だったね」と受け止める。

そうすると、相手も「あ、聞いてくれた」と感じて、すっと穏やかになります。

1秒先、10秒先、1分先は自分がつくったパラレルワールドで進んでいるので、どこの意識を取るかで、一瞬にして世界が変わります。

第3章

お金が流れてくる周波数帯に入る／仕事、人生、健康について

「経済がめぐる周波数帯」に入れば、お金の流れが押しよせる

◆元手なし、支援金を借り入れて塾をスタート

そもそも私はお金に対して臆病というか、ある種の恐怖がありました。「お金がないから無理はできない」という意識がつねにあったのです。

塾を立ち上げたときもそうでした。

元手があったわけではなく、前職から離れたあと、仮に再就職してサラリーマンをやりながら塾の資金を貯めるにしても、それほど収入はありませんから、まとまった金額になるには時間がかかります。

そこで、資金は借入で賄《まかな》って、いきなり始めてしまおうと決めました。

中小企業の新規立ち上げへの支援金を元手に、数学・脳力開発塾「開華《かいか》」を正式にスタートさせたのが、2013年3月のことでした。

発足時の生徒さんは７人。その他に、家庭教師として教える生徒さんが２人いました。最初の月の売り上げは「６万８５００円」だったのを今でも覚えています。「ここからスタートなんだな」と思いました。

家と車２台のローンがあり、妻と子どもが３人いて、その金額からのスタートです。多くの人にとっては不安を感じても当たり前な状況でしょう。

周りからも、「少子化だから塾なんてやっていけない」「他でアルバイトしながらでもやっていくしかないね」などと、いろいろと言われました。

でも、「信念を貫いて突き抜けていけば、必ず道は開ける」と信じてやっていくうちに、おかげさまで20万円、30万円と月商が上がっていきました。

親御さんたちの口コミがあったのと、空手道場で教えていた子どもたちも塾に来てくれるようになり、生徒さんがどんどん増えていったのです。

塾をスタートして１年半ぐらい経った頃、ある保護者から「村松さん、塾をもっと広げませんか？」というお話がありました。もっと広いスペースを確保して、たくさんの生徒さんを集めてはどうかということで、物件を紹介されたのです。

それまで使っていた教室は、学校の教室よりちょっと狭い、木造二階建てのコインランドリーの2階でした。時折、洗濯機の振動で震度3ぐらいの揺れを感じるような所です。家賃は月5万円でした。

それが今度は、コンクリート造りで、2階はバレーボールコートぐらいの広さのひと部屋、1階は3部屋に分かれた建物で、家賃は月15万円です。

それだけの広さでその家賃は確かに安いのですが、当時の私からすると「家賃3倍か。できるかなあ……」という思いがありました。要するに怖かったのです。

自分が恐怖を感じたときは、「ミッション」と「恐怖」とを天秤にかけることにしています。

「何のために塾をやっているんだろう？　お金の恐怖を味わうためだろうか？　いや、そうじゃない。利根沼田発で優秀な人材を育てる、吉田松陰のように激震が起こった新時代の若い子が世界で活躍するために立ち上げたんだ」

「お金の恐怖で縮こまって力のない人間でいるのか、飛び込むのか？」

「よし、飛び込もう！」

そうやって自分と対話してひと月の家賃15万円の場所に移ったら、もう翌月から家賃が払えるだけの人数の生徒さんが入ってくれました。

◆お金が流れてくる周波数帯に入るには

「怖い」と思っている周波数帯からは、雲の上にあるゼロポイントフィールド側の世界は見られません。

でも、「お金の恐怖もあるよね」と感じながらミッションに従って行動すると、すっと現象が整うのです。１カ月前の自分が、まるで過去生の自分のようでした。

そういう経験をしたので、「あ、飛び込めば行けるんだ。トントン行くんだな」と腑《ふ》に落ちたのです。

２０１５年に新しい教室に移ってから、３回改装を繰り返しながら、現在もそこで運営しています。

その後、東京のセミナールームを借りる話が持ち上がったときも、最初に塾の部屋を変えたときよりは、もっと楽な気持ちで入れました。

その部屋はひと月の家賃が25万円でしたが、本来なら50万円ぐらいするところをその値段で借りることができたのも、考えてみればありえない話です。そこを借りられるようになったのは、妻の特意なインスピレーションの力のおかげです。

東京にセミナールームを借りたのは、やはりミッションを第一に考えたからです。

通常は群馬でセミナーをやっているわけですが、東京で開く際に毎回転々と貸会議室を借りるよりも、「1カ所に決めて、その場所に祈りを込めていこう。それに『開華は都内のこの場所でやっている』と全国で認知されたほうがより広がりやすいだろう」と思い、飛び込みました。

すると全国からたくさんの方々が集まってくださるようになり、韓国在住の日本人で、夜の連続セミナーに通うためだけに7カ月間来日してくださる方もいました。

お金の恐怖はあっていいのです。

それを受け入れながらミッションに流れていくと、**経済が流れてくる周波数帯があるのです。**

「お金のため」「売り上げ、売り上げ」と思っていると、お客さんや取引先なども同じフォトンの周波数の人たちが集まり、引き寄せ合います。

「ミッションで行動して、経済は自然に成り立つ」という周波数でいると、お客さんも同じフォトンの周波数で、自分の軸を立てたい、生かしたいという人たちと呼び合うので、経済は自然とめぐります。

そういうフォトンの周波数帯で呼び合うのです。

道元禅師の言葉で、「道心の中に衣食《えじき》あり、衣食の中に道心なし」というものがあります。

食べていくため生活のためだけでやっていくと、道はきわまらない。

でもミッション、自分の生き様を広げていく、生き方を通していくという理想に沿っていると、自然に衣食住が整う。まさにそうだなと思います。

会社に勤めている場合、月の売上〇〇万円とか製品を何台売るとか、課せられたミッションがあっても、それを目指すと苦しくなってしまうという人も少なくないと思います。

そんな人におすすめしたいのは、**「自分が扱っているものの素晴らしさを伝える」というとらえ方にシフトすることです。**

「使うことによってこれだけ幸せになれる商品、サービスなんですよ」というエネルギーがお客さんに伝わると、自然に買ってもらえるからです。

「幸せ、感謝、ありがたい、相手の幸せ」という輝きのフォトンの周波数で存在しながらお客さんと向き合うと、それが相手に響いて、「なんだかわからないけど、あなたからなら買うわ」となるのです。

でも、「売らなきゃいけない」と思うとそのフォトンが飛ぶので、お客さんは「買わされる」と感じて、「うっとうしい、いらない」というエネルギーが返ってきてしまいます。

大事なのは、売りたい気持ちやセールステクニックよりも、あなたの輝きです。数値はあくまでも結果でしかありません。そこを目指すよりも、**まず自分のエネルギーを高めることをやってみてください。**

自分の輝きの結果、エネルギーの結果が数値です。

だから、いかに自分のエネルギーを高めていくか、振動数を高めていくかで、自然と売り上げ目標などの数字もクリアできるようになるはずです。

◆お金に対するブロックがあるのはなぜ？

倫理法人会のしおりの中に、「金銭はこの世の中で最も敏感な生き物である」という言葉があります。まさにそうだと思うのです。

たとえば一生懸命やっていても、「自分は受け取らない、受け取れない」という自己卑下《ひげ》があると経済は細るし、「受け取ってありがたく使わせていただく」というエネルギーで存在していればお金が入ってきます。

かつての私も、自分にお金のブロックがあるのはなぜだろうと思っていましたが、祈りを通して内観すると、「お金持ちになってはいけない」という観念があり、「使ってはいけない」「質素倹約でいい」といった、お坊さんのように欲のない自分がいることに気づきました。

その頃は、それを反映するように、カツカツでいつも足りない、足りないというループにはまっていました。損益分岐点を超えるか超えないかのところで足踏みしていて、経済が伸びるという感じではありませんでした。

それで、「稼ぐ」という部分の自分の観念をきれいにしたいと思いました。

お金には、神社のお賽銭《さいせん》みたいに清い気持ちで入れるお金もあれば、人の命を奪って得たお金も、爆弾を作って得たお金もあります。

そんなふうにいろいろなエネルギーが混ざっているので、「お金がきれいになれば地球がきれいになるな」と思って考えたのが、次のようなイメージをすることです。

「『開華』は純粋なボックスで、世界中から経済が流れてきます。世界中からの経済が

『開華』の純粋なボックスを通して、純粋なエネルギーとして経済が世界に流れていきます。そうすると世界がどんどん純粋になっていきます、ありがとうございます。ありがとうございます。ありがとうございます」

そんなふうに祈ることを始めたら、楽になったのです。

お金は世界中を回るので、きれいな湖で洗うように、入ってきたお金を純粋なエネルギーに戻して流していけば、世界がきれいになっていくはずです。

セミナーに来たお客さんたち、助けてくださった方たち、自分のミッションで伸びていこうとする人たちのお金も、「ありがとう」と開華に入れていただいたお金も全部、「浄財を入れていただいて、自分、家族、社員の喜びのために、きれいなエネルギーで使わせていただきます」という意識に切り換えたら、楽になったのです。

あなたも、もしお金を稼ぐことに対してブロックがあると感じていたら、この祈りを実践してみてください。

毎朝、家でも会社でも「うちの会社を純粋ボックスとして、世界中に経済が、世界が純粋になっていきます。ありがとうございます」ととなえてみましょう。

◆お金のブロックが外れたきっかけ

それでも、私がお金のブロックを完全に解いて楽になるまでは、起業してから2年ぐらいかかりました。「お金を稼ぐ」という感覚が希薄で、初めのうちは自己犠牲と依存のエネルギーが強かったのです。誰かがやってくれるだろう、妻がやってくれるだろうみたいな感覚が強かったと思います。

このブロックがはずれると、経済もいい状態になりました。

そもそも「開華」のスタート時点は、考え方がマイナスでした。

資金を借りて、どうにかしようという気持ちだったのです。

やがて運転資金が足りなくなって、2013年の秋頃にもう一回借り入れて、でも、生活にかかる費用も含めると売上は損益分岐点を超えていなかったのです。

翌年2014年の春を迎える頃は、クレジットカードを3枚使いまわしていました。

返済をちょっと滞らせて1、2カ月目には、以前とは別の会社から電話が来ました。

今まで女性の声の電話だったのが男性になって、しかも別の会社からかかってくれば、やはり「これはまずい方向に行っているかもしれない」と思いますよね。

そこではっきりと、**「これは自分に経済を立たせるという感覚がないからだ。自己犠牲や、妻がどうにかしてくれるだろうという依存のエネルギーが強いからだ」と気づきました。**

初めて「どうにかしなきゃ」とモチベーションを上げ直し、ただ理念だけでやるのでなく、実際に数字を考えていこうと動き始めました。

友人の非常に優秀なコンサルタントが、「村松さんは絶対伸びるから」と言って、サポートしてくれるようになりました。報酬は売り上げの5％でいいからと言ってくれて、その人が経営者としての概念が広がるような考え方をつくってくれました。

今も続けてもらっているのですが、コンサルティングを受け初めて5年ぐらい経ってから、当初の金額の10倍近く払えるようになったのです。つまり、売り上げがそのくらい上がっているということです。

最初に始めた頃は、こんなに費用をかけていいのかな、と感じる金額でしたが、今は10倍近くになってもありがたいと感じます。コンサルティングをお願いすることで自分がこれだけ伸ばしてもらえているので、神社にお賽銭を入れるみたいにありがたい感覚です。

お金は本当に敏感です。

この3月も、長男が通う私立高校からまとまった額の学費の請求が来て、ちょっと手元になかったので、妻に立て替えを頼もうかなと思っていました。

ところが、まもなく去年払った税の還付の連絡が来て、それがちょうど学費を払って少しおつりが来るぐらいの金額だったのです。

というわけで、すんなりと払うことができました。

お金に関してイレギュラーなことがあったときも、「まずい、どうしよう」とあわてたりしないで、「大丈夫、うまくいくから」という側にいることが大切なのでしょう。

◆入ってくる金額で自分のエネルギー状態がわかる

お金の数字は、自分のエネルギー状態を見せてくれます。

私の場合、妻に対する依存に気づかせてもらえたし、スタッフとのやりとりのエネルギーに気づかせてもらえたし、父親に対するエネルギーにも気づかせてもらえました。

数字が横ばいになると、何かブロックがあるサインです。

「あ、お父さんにこういう思いを抱いたからだ」とか「スタッフとのやりとりだ」と気づくと、営業方法などは変えていないのに、バーンと数字が上がるのです。

本当に経済はエネルギーだとつくづく感じます。

「頑張る」「求める」「根性だ」などで動くものではなく、自分のエネルギー状態で変わってくるのです。

まわりのせいにすると、ピタッと止まってしまいます。

たとえば「コロナだからしょうがないよね」と言うと、経済は止まるのです。

「こういう状況だからこそ何ができるか」と考えるのが正解なのです。

「開華」の場合、コロナが始まった2020年の2月頃からセミナーの申し込みがなくなりました。みなさんが外に出てこられないなら対面での開催は難しいと考え、その月から動画配信やネット上の販売に切り替えたら、3月には過去最高益を記録したのです。すぐ行動だなと感じました。

ニーチェの言葉で、**「脱皮できない蛇は滅びる」**というものがあります。蛇は古い皮を脱げないと中で腐ってしまいますが、人間も同じではないでしょうか。今までは対面でセミナーを開催し、塾も対面でやっていました。「だから『開華』は絶対に対面で！」と固執していたら、たぶん沈没していました。

実のところ、私は「オンラインはあり得ない、リアルでないと伝わらない」と思っていたのですが、妻やスタッフは「こういう状況なんだから切り替えないと」という意見だったので、やってみたら最高益という結果が出たのです。

本当に、すぐ行動することが大切だと痛感しました。ただ待っているだけでは流れに乗ることはできません。

◆数字が上がらずうつ状態から、売り上げ20倍へ！

２ｄａｙｓセミナーの生徒さんに、メーカーの販売代理店として活動する個人事業主のＴさんがいました。

参加の時点では、まったく数字が上がらず、上からもあれこれ言われてうつ状態だったのです。

でも、ご先祖のご加護を受けて生かされてきたことや、周波数のことに気づいて感謝の周波数帯に入ったら、その月のうちに代理店がもう１つできて、半年で売り上げが６倍になり、１年で10倍になり、１年半後に18倍〜20倍に上がっていきました。

現在では全国トップの、今までにない「最高タイトル」という称号をもらうくらいに活躍されています。

Ｔさんは「売り上げを伸ばすために頑張らないと」と苦しんでいたのが、「この商品は本当に素晴らしくて、使うとみんなが健康になる」という喜び、感謝で伝えるようにしたら、みるみる変化していきました。

Tさんのおじいさんも営業の天才で全国を飛び回る人だったそうで、それをセミナーの最中に思い出し、自分の背景からもらったエネルギーによって、どんどん動けるようになったというのもあります。

「自分を生かして輝きを広げていく」というふうにすると、ここまで変わるという典型的な例だと思います。

◆感謝の周波数で入会者が12倍に

7週間のセミナーに参加したNさんは、ものすごく慈愛の深い方ですが、十数年前にお父さんが亡くなった3カ月後にだんなさんも急死という、すごくつらい状況を経験していました。

不思議なことに、何年かしたら、左右から亡くなった二人が語りかけてくるようになり、「こうするといいよ」とか、いろいろ導いてくれるようになったと言います。

「開華」に来られたのも彼らのすすめだったのです。

そして、7週間のセミナーの間に「感謝行」と「自分ほめ」で感謝側の周波数にどんどん入っていくと、その方が主宰している協会（財団法人）に、たった4週間で昨年の1年分の会員が集まりました。

つまり、1カ月に入会する人の数が12倍になったわけです。

Nさんご本人のエネルギーが内側から湧き上がると、それを求める人々の輪がそれぐらい大きく広がっていくのです。その活動は今では海外にも広がっています。

◆経済の流れる周波数帯は、自分を生かす周波数帯

量子力学で表される見えない側の存在に気づいて感謝に入り、「自分が運ばれている、生かされている」と気づくと、日が経つにつれ、どんどん結果が変わります。

売上とか数字とか、見えているものだけで存在する毎日と比べて、見えない側のエネルギーをもらい受けて、肉体を通して得意分野を顕現していった場合は、つながるご縁がはるかにすごいので、どんどん運ばれて発展していきます。

それが、「経済が流れていく周波数帯」ということです。

その周波数帯に入ると、自然といろいろな人と引き合わされ、それが加速して、いい

循環を見せてもらえるのです。

経済の流れる周波数帯とは、言い換えると**「感謝の周波数帯」であり、「自分を生かす周波数帯」であり、「本質の深い祈りの周波数帯」でもあります。**

「私なんて別に」とか「どうせ」とか思っていると、自分を生かしていないので、経済がうまく流れません。そういう意識を手放して、自分を使わせていただくという領域で考え行動していくと、スッとパイプが通ります。

たとえば誰か著名人、大物といわれる方と出会ったとします。

「自分なんてこの人には釣り合わない」と思うのは、自分を生かしていないことになります。もしそういうご縁があったら、ありがたく生かさせていただくこと、自分はそこまで運ばれているんだなと思うことが大切です。

私で言えば、帯津三敬病院名誉院長の帯《おび》津《つ》良《りょう》一《いち》先生とご縁をいただいて共著を出させてもらうことができたのですが、そのとき先生に対して私は、「共著させてもらえるほどのレベルになっていない」と脳みそレベルでは思いますが、その感情は持ちつつ、

「自分を生かして、ありがたくさせていただく」という思いでやらせていただきました。
するとスムーズに物事が進んでいったのです。

仕事について

◆心を込めたところに神が降りる

仕事のミクロの層に心を込めていく。

お客さんと接するときも文章を書くときも、自分の意識をそこに置くように心がけています。

それは自分のかつての失敗があったから。「ほらやったでしょ」という、心を込めない仕事の仕方をして痛い目を見たからです。

ミクロの層に心を込めると、仕事に、人に、生徒さんにエネルギーが回ることになります。生徒さんのエネルギーが湧き上がります。だからそこははずせません。

みなさんにはいつも**「心を込めたところに神が降りる」**ということを伝えています。

心を込めると、ゼロポイントフィールド側の周波数と自分の意識を合わせることができるので、相手のゼロポイントフィールドが現れ出てくる、イコール神様性が出てきます。

だから「心を込めること」と「神が降りること」は一致するのです。

メールの文章などでも、やりとりに心を込めると、「丁寧」とか「大切」といった周波数がお相手の本質の周波数と響き合って、お相手が本来の状態で存在できるようになります。それはすなわちゼロポイントフィールド側でいる、神様が顕現してくるということなのです。

◆激しいうつ状態から、2日間で激変!

これまで、セミナーや塾を通じて大きな変化を遂げる人をたくさん見てきましたが、中でも印象深かったのが、2年ほど前の東京2daysセミナーに参加された男性です。

当時は、外に出られるかどうかもおぼつかない激しいうつの症状があり、抗うつ剤を飲みながら参加してくださいました。

「人にこんなふうに思われる、どうしたらいいだろう」「数字を上げないといけない、どうしたらいいだろう」などと苦しんでいたのです。

それが、その2日間のうちにどんどん血色がよくなって、俳優のようにかっこいい笑顔になっていったのです。

「あ、自分の内側なんだな」という気づきが、劇的な変化を起こしました。

ありがたいことに今はすっかり元気になって、私を命の恩人だとまで言ってくれています。その後、その方の居住地でセミナーを開くことになったときにお礼にごちそうしたいと言ってくれて、楽しく夕食をご一緒することができました。

外からどう思われるかとか、数字を上げなきゃとか、家族を養わなきゃではなく、**「自分の内側から湧き上がるものでやっていけばいいんだ」**とわかり、今はすごくいいエネルギー、躍動感あふれるエネルギーで存在していらっしゃいます。

私が見るところ、うつを味わった方のほうが開きやすい感覚があります。

「もうだめだ、どうにでもなれ」から、「外からの評価はもういい、自分の在り方だ！」となれるのです。

「私、周りの方から見れば幸せといわれる世界にいるのよね」という感覚の人は、かえって変わるのが難しい。でも、落ち切った人は開き直りやすいというか、それまで持っていたものを捨てやすいのかもしれません。

仮に、うつ状態の周波数を100Hz、自分で生きるという感覚の周波数を1万Hzとします。

自分がかつて100Hzまで落ち切って「もういいや、自分で生きるしかない」と1万Hzまで上がった経験があると、自分の中に100から1万までの周波数を全部兼ね備えているので、目の前に100Hzの人が来たとしても、その人の中に1万Hzを感じ取れます。

そして、元々人は全部一緒なので、自分から1万Hzを響かせることで、お相手も1万Hzに変えられるのです。

それを、「ネガティブはダメ、いつもポジティブでいないと」と言ってしまうと、言われたうつの側の人は苦しくなります。

そのことは、「開華」で共に活動してくれているトレーナーさんたちにも伝えています。

たとえば、ある人が性的につらかった出来事を昇華できると、同じような体験を持っていて、その人とご縁ができた人たちも、幸せの道に入っていきます。

その人が「自分で生きる」という方向に開くと、シャンパンタワーのように、つながっている人たちにもその周波数がどんどん伝わっていくのです。

セミナーでは、参加者の方と共通の体験を持つトレーナーについてもらうようにしているので、いつも100Hzから1万Hzまでが響き合っていきます。

そしてフォトンの周波数で響き合っているので、初めての参加者の素性を知らなくても、先輩と組んでもらったとき「子供が学校に行きにくい」「夫婦関係」「会社経営」など、ちょうどそのテーマで成長した先輩と、初めての参加者とが組んでいることばかりで、周波数はそのとおりのことを見せていただいています。

人と人が関わり合うことは、要するに素粒子の響き合いなので、量子レベルではそういうことが起こっているのです。

コロナウイルスを超える生き方とは

コロナウイルスが教えてくれているのは、「外からの評価や社会の制度がこうだから、その中で生きなければならない」という苦しい生き方はもうやめようということです。

コロナウイルスそのものに対しても、「排除」とか「来るな！」というフォトンを出せば、同じように素粒子でできているコロナウイルスも恐怖で襲ってくるでしょう。

ではどうすればいいかというと、一言で言うと、自己免疫力を高める生き方を選ぶのが一番です。

それは**ゼロポイントフィールド側からのエネルギーを出して生きること、イコール自分を生かすこと、イコール自分の本質の周波数で存在することです。**

つまりコロナは、「自分本来の周波数を出すしかない」と気づかせてくれるものとして存在するのだと思います。

実はこのコロナウイルスも、タンパク質とＲＮＡからできているので、要は炭素と水素の集まりです。この炭素・水素の中を、フォトンがしっかりと飛び交っています。そしてこの炭素・水素自体もフォトンも、ゼロポイントフィールドの結果です。私たちの意識であるフォトンもコロナウイルスの中を飛び交わせることができます。

予防の徹底、感染が拡大しない配慮はもちろん必要です。しかし同時に、恐怖に陥ることなく、「私はこの状況下でどうやって自分自身を生かしていけるかな？」と前向きに考え、「コロナウイルスの影響の下にある」ではなく、**「コロナウイルスの影響の上をいく在り方」**をまさに試されています。

たとえば、商店の場合、「お客さんが来るまで助成金でしのいだり、国からの指示通りで我慢する」というだけでなく、「うちのお店がさらに生かされるには？　ネットを通して、近隣界隈だけでなく世界的に販売網が広がるには？　世界の方々に商品が広がって、喜ばれていくにはどうしたらいいだろう？」という方向に考え方を広げること、です。

このように思いを馳せていることがそのまま、そのフォトンを飛ばしていることになっています。

私たち自身が、「与えてもらう」「まわりからどうにかしてもらう」というパラレルワールドではなく、**「私たち自身を生かしていく」「まわりに喜んでもらう」というパラレルワールドを生きる。**

すると、**ゼロポイントフィールド側のつながりをどんどん広げることができます。**

そして私たちが本当の愛に気づいていくこと。

実際にお亡くなりになる方もおり、非常に厳しいお話です。感染して大変な方の場合、1週間で亡くなられています。さらに、コロナウイルスは、感染確率や死亡率は変わりますが老若男女、貧富の差、黒人白人黄色人種、関係なく誰でも感染する可能性があります。

今までの「生きていることが当たり前」という感覚が、当たり前でなくなってきています。ご両親、おじいちゃんおばあちゃんの生命を気遣い、感謝を広げていくことの大切さを如実に感じられることと思います。

この部分も、コロナウイルスがなければ「またお盆に会えるでしょ」ですが、コロナウイルスがあるおかげで、「先はわからない。今、この瞬間を本当に大切に丁寧に寄り添う」という思いにもなれると思います。

こうやって私たちが自分の可能性を生かし、「世の中に対して何ができるかな？」と真剣に考え、本質の愛で存在すること。そこを気づかせてくれるためにコロナウイルスがメッセージをくださっている、と私は感じています。

アーヴィン・ラズロ博士も、コロナウイルスに対してのインタビューの中で、「パンデミックは、神の祝福そのものだが、変装をしている」“The pandemic is a blessing in disguise.”（WATKINS“MIND BODY SPIRIT”）と伝えています。

自己免疫力を高め、自然治癒力が湧き上がる愛・感謝の状態を肉体に響かせ、周りの人へ響かせていくこと。自分の才能を生かし、生き生きワクワクで生きていくこと。

自分自身の神性を祈り出だし、その振動数で存在すること。

これがコロナウイルスを超える生き方であり、肉体も、家庭などの人間関係も、事業も、本当の意味で「真の健康」になる在り方です。

◆願いをかなえる、「大好きな仕事をする」周波数帯に入るには

自分を生かすことによって経済・お金はきれいに流れます。

もし生活費のために、がまんして好きではない仕事をやっている場合は、「自分の大好きなことは何かな」と考えてみましょう。

たとえばあなたが生命保険会社のＯＬで、本当は庭で花をいじりたいけど生活のために心を殺して会社で働いているとします。

そういう場合は、自分が将来大好きな花の仕事をするために、会社でさまざまなことを学んでいると考えるといいのです。

仕事に必要な大きな組織を作るために、今は会社で組織づくりや、上司と部下との関係などを学ばせてもらっている。反面教師的な人がいても、そこから学べば、新しい組

織のよりよい状態をつくれる。

そうやって学んで大好きな仕事をするために、今は仮住まいさせてもらっているととらえてください。

そうすると、仕事に対する意欲が湧いて力がついていく中で、ある意識レベルになった瞬間に経済が流れる周波数になって、ある日突然引き抜かれたり、独立できる環境が整います。


「毎日嫌だな」と思いながら生きていると、人生の貴重な時間がすごくもったいないので、ここで学んで振動数を高め、リアルに現場を動かす力をつけるという方向を目指しましょう。

「力がついてタイミングが来たときに、新しい仕事が始まる」と夢見ながら毎日の仕事に心を込めれば、すぐに現象は動いていきます。


「大好きな仕事をする」という周波数帯に入れるからです。

自分が発振する周波数によって、職場の人たちも、しくみや組織自体も「自分を生かす」という周波数帯になれば、人も組織もより良くなって、円満退社からの独立という流れができていきます。

もしかしたら独立ではなく、その組織のトップのポジションで自由な時間を持ちつつ、経済もいい感じになる、そういう未来もあるでしょう。

心を殺して文句や不平不満だけ言っていると、その世界が何年も続いてしまうので、そこにとどまるのだけはやめましょう。

◆好きなことがわからないときは、小さな感動を大切にしてみる

先の例は、大好きなやりたいことがある人の場合ですが、何が好きかわからない、ワクワクすることが思いつかないという人もいるでしょう。

私もかつて、心を殺してつらさを封印して生きていたので、よくわかります。

そういうときは、本当に小さなことでいいので、**心が動くものを見つけてください。**

たとえば、ふと目に留まった道端の花がきれいだ、それでいいのです。

そういう小さな感動をしっかり味わうことが、自分を生かす振動数に響きを合わせていくことになります。

お客さんに対しても、表面的でドライな接し方ではなく、相手の心の小さな波を拾うというか、「その髪かざり素敵ですね」と気づく、そういうところから、「花がきれい」と感じるのと同じ振動数に合わせると、その振動数でその人の全身のフォトンが揺れます。

職場にいる１日８時間のうち、わずか30秒でもその振動数が広がれば、最初はＯＫです。それを１分、数分、10分とその周波数でいる時間を増やしていきましょう。

それが、「心を殺す側の振動数」に慣れているところを、「素敵な振動数」、「自分を生かす周波数」に合わせていく練習になります。

緊急事態宣言で学校が休校になったとき、群馬でも１カ月ぐらい学校が休みになりました。塾も泣く泣くＺＯＯＭでの授業にしました。

宣言が解除されてようやく会えるようになったとき、塾にやってきた生徒さんたちみんなのエネルギーが縮こまってしまっているのを見て、びっくりしました。

部活動で活躍して群馬県の強化選手になっているくらいエネルギーの高い子も、思わず「○○ちゃんどうしたの!?」と言ってしまうような状態で、エネルギーが小さくなっておとなしくなってしまっていたのです。今は元気な状態に戻りましたが、そんなふうに自粛のエネルギーは人のエネルギーを封印させてしまいます。

内側からの輝き、響きを出させることは本当に重要です。

躍動感が大事なのです。

その響きを1日のうちにちょっとでも出して、どんどん増やしていくことです。

ワクワクにまだ気づけないときは、映画を見に行くのでもいいし、心が動くことをちょっとでもして、その響きを職場でも響かせていくようにしましょう。

◆AI化が進む中、新しい時代に生き残る仕事とは？

ビジネスをとりまく環境は、10年先にはガラッと切り替わります。

野村総研とオックスフォード大学のそれぞれの研究によれば、２０２５〜２０３５年には日本の労働人口の49〜50％の仕事がなくなるといわれています。

ＡＩの得意な分野と人間の得意な分野があるので、人間の得意な分野、発想力や寄り添い力などを生かしていくしかなさそうです。

「今の仕事が沈没しはじめたら、ネットを通して展開できるか」とか「世界中が喜ぶ製品開発ができないか」といった発想が必要でしょう。

たとえば京都のきもの屋さんが、コロナで海外からのお客が来なくなったので、着物の生地でバッグをつくってネットで販売する。そういう切り替えをすることです。

ネットを使えば商品もサービスもすぐに世界に広がるので、いかに世界中の人に喜んでもらえるかという考えで広げていく。

なおかつ、心持ちとしては、自分を生かしていかに人に喜んでもらえるかを常に考えていると、ゼロポイントフィールド側で世界の人とも共鳴できるはずです。

パートナーシップについて

◆幸せなパートナー、夫婦でいる秘訣

大好きな人とパートナーシップを結べば自然に愛が育っていくかというと、人生はそれほど簡単ではありません。

恋愛の「好き、大好き」というのは感情レベルであって、ある意味「気分」なのです。

ゼロポイントフィールド側の愛は「気分」でなく「意志」なので、きらいな瞬間もあるけど、愛で存在することはできます。嫌いも好きも全部ひっくるめた根源に愛があります。

嫌いの反対は好きで、嫌いと好きは天秤の両側です。

でも、嫌いと愛はまったく次元が違っています。天秤を乗せているテーブルが「愛」、天秤の素材も「愛」、そんな感じです。

生活を共にすると、嫌いもあるし好きもありますが、嫌なことをされたときも相手の背景を汲んで「この人、仕事で大変だったんだろうな」となるのが愛です。嫌なことをされたとき、「いいかげんにしてよ！」と言い返すのが感情レベルのケンカです。

自分が個のレベルだと「妻の発言がむかつく」とか「夫が私を思ってくれない、もうだめかも」というふうになります。

根底側である、ゼロポイントフィールドという全体のレベルで「いつも大変だよね」とか「いつもありがとう」でつながるように存在していると、愛が拡大して、お互いにしっかりサポートし合えるよい状態になります。

生活を共にしたり、ぶつかりあうことで「私は今、個だったのか？　全体だったのか？」ということに毎回気づかせてもらうと、愛で存在するほうが居心地がよくなってくるのです。

同じ男女でも、感情と感情でぶつかり合って殺し合うこともあるし、ものすごく一体感の深い、愛の源泉のエネルギーを生み出せることもあるわけです。

それを一番感じたのが、２０１９年、皇居での勤労奉仕に参加したときでした。まだ平成の時代の両陛下にご会釈をいただけるというので、一部屋に２００人ぐらいが集まって待っていました。

やがて両陛下が入ってきた瞬間の空気感が、もう人間のレベルではありませんでした。セミナーなどでも私がよく言う「神ってる状態」そのものでした。

二人ではない、ひとつのエネルギーが大きく私たちを包み込んで、それだけでも半分ぐらいの人が泣いていて、私もそのエネルギーだけで涙が出てしまいました。

そして、美智子さまが「ありがとう」とおっしゃったその言葉で、さらに感動がわき上がり、おそらく会場の全員が涙されたのでは？と思うほど、すすり泣きがきこえました。それくらい、ありがとうの深みがすごかったのです。

夫婦でここまで一体のエネルギーになれるということを、私も一緒にいた妻も実感できました。「これだけ練り上げられるんだ。これを夫婦でつくっていくんだな」という意識が、お互いの素粒子に入ったような気がします。

夫婦にはよくあることですが、「もっとこうしたほうがいいんじゃないの」などと言われてカチンと来たときも、「あ、それだけこちらを思って言ってくれているんだな、ありがたいな」と、背景を汲んで感謝の周波数が出ると、カチンがおさまって振動数が上がります。

バイオリズムの影響で女性側がちょっと過敏になっているときなども、その背景を汲めれば、自分は穏やかに接することができます。

人の感情はすごく揺れ動くし、それを消すことはできません。

毎回、いかに愛の意志で存在できるかを試されるのです。

絵に描いたような幸せは、放っておくとエゴが出てしまうし、感謝が薄れてしまうので、夫や妻がしてくれることに対して、いかに感謝や愛の響きを表現していくか。

ねぎらいの言葉をかけるとか花をプレゼントするとか、ささいなことでいいのです。

そういう心配りをすることが、幸せな夫婦でいるための秘訣だと思います。

◆パートナーは自分が出したエネルギーを見せてくれる存在

パートナーから来ているエネルギーは、自分が出しているエネルギーです。

そこに気づかせてくれるために、その相手がいるのです。

それは**自分が相手に対して出しているエネルギーか、自分が自分に出しているエネルギーを相手が見せてくれているか、どちらかです。**

セミナーに参加された方で、奥さんの生活上のちょっとした動作に関して、いくら注意しても直してくれないと言う人がいました。「きっと俺の言葉を軽んじているんです」と、しきりに不満を言い立てます。

「俺の意見を大事にしてくれていない」＝「大事にしない」という周波数をとばしているので、「あなたは奥さんの言葉を大事にしていますか」と聞いたら、ご本人はすぐ「あー、すいませんでした、わかりました！」と気づきました。

その翌日、こんな報告をしてくれました。

「昨夜、家に帰ったら、嫁が寄り添ってきたんです！」

自身の周波数が動くと、「パパが私のことを大事にしてくれている」と感じて、奥さんからもそういう周波数が出てくるのです。

雲の下側でいがみあっていたのが、「大事にする、心を拾う」というゼロポイント側に入り、二人とも雲の上で周波数が合ったのです。

不満でいっぱいだっただんなさんは、今はまったく違う意識になっています。

「自分が相手を大事にしていないから大事にされなかったんだ。だから言葉を大事にしよう。全部が俺だから……」

そんなふうに自分が変わると、パートナーとの関係は瞬時に変わるのです。

◆「私が私を一番大切にする」という周波数を大切にする

「なぜこういうことが起こるんだろう。自分発振の周波数は何だろう」ということに気づいたら、すぐに自分の内面を見て、相手に寄り添うほうの周波数に改善してください。

外ばかり見て、相手ばかり攻撃すると、どんどん関係は悪化して別離の方向に行きます。そういう結果になっても、それが「意識的に生活しよう」という気づきにつながれば、それはそれでいいと思います。

別れが悪いわけではないのです。痛い思いや死ぬような思いをして、ようやく気づいて他の人とのご縁が結ばれることもあるのですから。

コロナウイルスの自粛生活の中で、家族の在宅時間が増えたこともあり、DVが増えていると聞きます。家庭の中で意識的にいい環境を作っていこうとする夫婦と、そうではない側と、両極があるように思います。

セミナーに参加された人たちの中にも、DVの経験者がいます。

DVの根源は何かというと、**自分が自分を叩いている周波数です。**

「私なんかダメだ。私なんかいなきゃよかったんだ。私は無価値だ」

女性がそういう周波数を発していると、男性はマウンティングしたくなります。でも、必ずそうなるわけではありません。男性性の中には「リーダーになりたい」という資質があります。その資質には、優位の男性性と、低位の男性性があります。

男性ははるか昔から「獲物を取ってきたぞ」とか「自分が村のリーダーになる」とか、そういう資質がＤＮＡに刻まれていて、リーダーシップを取りたい傾向があります。

そのとき、言葉や腕力などのパワーを使って「言うことを聞け」とやるか、徳を積んでみんなに育ててもらい、本当のリーダーシップを身につける方向へ行くか。どちらで場を率いていくかで「低位の男性性」と「優位の男性性」となってゆきます。


だから女性が受けているＤＶの消し方は、ＤＶの被害に遭っている当事者が、**「私が私を一番大切にする」という周波数になることです。**

その瞬間に振動数が変わるので、それをお相手の男性が拾います。

「私は私を大切にするから、あなたとは別れます。さようなら」となることもあるし、相手からの暴力がピタッと終わることもあります。

ＤＶをした側は、パートナーが離れていったことによって、自分がしでかしたことに気づきます。なぜいなくなってしまったのか、そこに向き合うことで、相手の存在に対して初めて感じられる感謝というものがあります。

それを天照大神は「神業《かみわざ》」と言っているのです。

太陽はあって当たり前、明るいのが当たり前だったのが、隠れてしまうことで、それまでの太陽のありがたさに気づくのです。

あるのが当たり前だったものがなくなって、初めてありがたみがわかるのは、健康もそうです。手術して体の一部を切り取ったりしたときに、初めてわかるのです。

DVで苦しんだ人は、ただ相手から逃げたり離婚するのではなく、自分を一番大切にする周波数を持つことが大切です。

そうでないと、また同じことが繰り返されてしまうからです。

自分が自分を一番大切にする。

そして、その周波数をまわりにも響かせる。

すると、まわりからも大切にされ、どこへ行っても大切にされる。

そのようなパラレルワールドに行けるので、現象がどんどんよくなっていくのです。

健康、病気について

◆細胞もこの世界も、瞬間、瞬間の自分の意識（フォトン）がつくっている

私はこれまで大病を患った経験がないですし、病気と人生について語るのにふさわしいとは思えませんが、ひとつ言えることがあります。

それは、先天的な疾患《しっかん》のある方、生活習慣によって病気になってしまう方、いろいろなケースがありますが、**それらの出来事はすべてメッセージだということです。**

フォトン（光子）の意識が原子を揺らし、原子が細胞をつくっています。

つまり、細胞は意識の結果として出来上がっているので、細胞が正常に働くかどうかも意識の状態にかかっています。もっといえば、物質は、瞬間、瞬間の周波数でしかつくられないのです。

振動数の違いは楽器の音色の違いと同じです。いつもきれいな音楽を奏《かな》でていれば、私たちの体はきれいな器になり、乱れた音楽が鳴っていれば乱れた器になります。

自分の意識を、批判や攻撃側でなく、いつも感謝側にいさせてあげることで、体の状態もよくなっていきます。

だからといって「感謝しなければ」と義務感を持つと、その周波数で臓器も苦しくなるので、自分の心地よい状態をつくってあげることが大切です。

私たちは、物質以前に周波数として存在しています。

たとえばオーケストラのコンサート会場で、コンサートが終わった後も、そこの空間に響いている微細な振動を感じたことはありませんか？

それと同じような振動数をいつも自分が響かせていて、そこから物質が出来上がっているんだなと思ってください。

病気になったことのメッセージは、自分の意識に気づきを与えてくれることです。

「自分のフォトン、振動はどうなんだろう？」と確認してみましょう。

あとは、そこを通していかに愛を拡大させていくかということになります。

病気にならない、なりにくい生き方に関して、「腸をよりよくする食生活」などの生活情報は、それに詳しい方が書いた本で学んでいただくとして、私が言えるのは意識のほうです。

経済や人間関係と同じく、「自分を生かす側」に入ることが、体の健康を保つうえでも一番重要だと思います。

健康診断のことを意識したり、血糖値や血圧の数値に一喜一憂するよりも、自分を生かす側に動いていれば、自然と流れが来て健康になっていきます。

家族が病気になった場合も同じです。

病気は、今まで体をモノ（臓器）として見ていたのを、その存在にちゃんと感謝して、命の素晴らしさに気づかせてもらうためのメッセージです。

「あなたの生活習慣が悪いから」みたいな批判や攻撃の側に立つと、その振動数で自分の細胞もつくられるので、自分の健康にもマイナスに働いてしまいます。

そういう意味で、人の病気を通して、私たちはますます自分の在り方を見つめさせてもらえるのだと思います。

◆病気を通して愛の振動数を知る

先天的な病を持って生まれたケースについてはどう考えるべきでしょうか。

そこにもやはりメッセージがあります。

「開華」で活動してくださっているトレーナーの中に、お孫さんが、生まれつき腎臓がよくない状態で生まれて、おばあちゃんであるご本人が腎臓を1つあげたという方がいます。

その行為を通して、彼女はそれだけ孫を大事に思い、臓器をあげてもいいくらい愛を拡大することを体験できたし、お孫さんも、もし健常なら当たり前と思ってしまうようなことでも、愛の振動数に気づくことができます。

そういう意味でも病気や障がいは重要なメッセージです。

それ自体に良い悪いはなく、いかにそこから愛の側に振れるかが問われているのです。

中には病気のために赤ちゃんのうちに亡くなってしまうお子さんもいます。とても悲しいことだし、親も無念が残りますが、そこを通して、より命を大切にすることを学ばせてもらえると思います。

一生心に刻まれる出来事であり、悲しいけれど、残された人間は命を大切にする側で生きることができる。そういう病気からのメッセージがあると思います。

人生の転機はある限界値に達すると訪れる

人生の転機は突然ガラッと何かが変わるというよりも、瞬間、瞬間の選択を重ねて、あるとき限界値に達するとバーンと超えるイメージです。

すべての現象は、「振動数の低い側をとるか、高い側を取るか」「恐怖か、愛・感謝か」「批判攻撃を取るか、自分を大切にするほうを取るか」という選択の結果です。

「今日は別にいいや、面倒くさい」といった気持ちになったときも、「自分を生かす側で行動したら今何をするかな?」と思い直して行動する、それを積み上げていくと、ある限界値に達します。

でも、すぐにそこを超えられるかというと、そうではありません。しばらく横ばいが続きます。

ちょうど、水が沸騰直前になり、99・99度からずっと熱を加えても、すぐには温度が変わらないのに似ています。それでも熱していると、あるときから蒸気が出始めて、100度、102度と温度が上昇します。

横ばいが続いたときに、「もうダメだ、いいや」と火を止めてしまえば水蒸気が出ないのと同じように、「毎日一生懸命やっていても変わらないからもういいや」となってしまうと、せっかく貯めてきた熱量が下がってしまいます。

そこでくじけずに熱を加え続けると、**ある限界値でボンと転機が訪れます。**

竹の地下茎は、4年ぐらいかけて地中に張り巡らされるのだそうです。そして、地上にちょっと芽が出ると、それから6週間で一気に30メートルも伸びます。

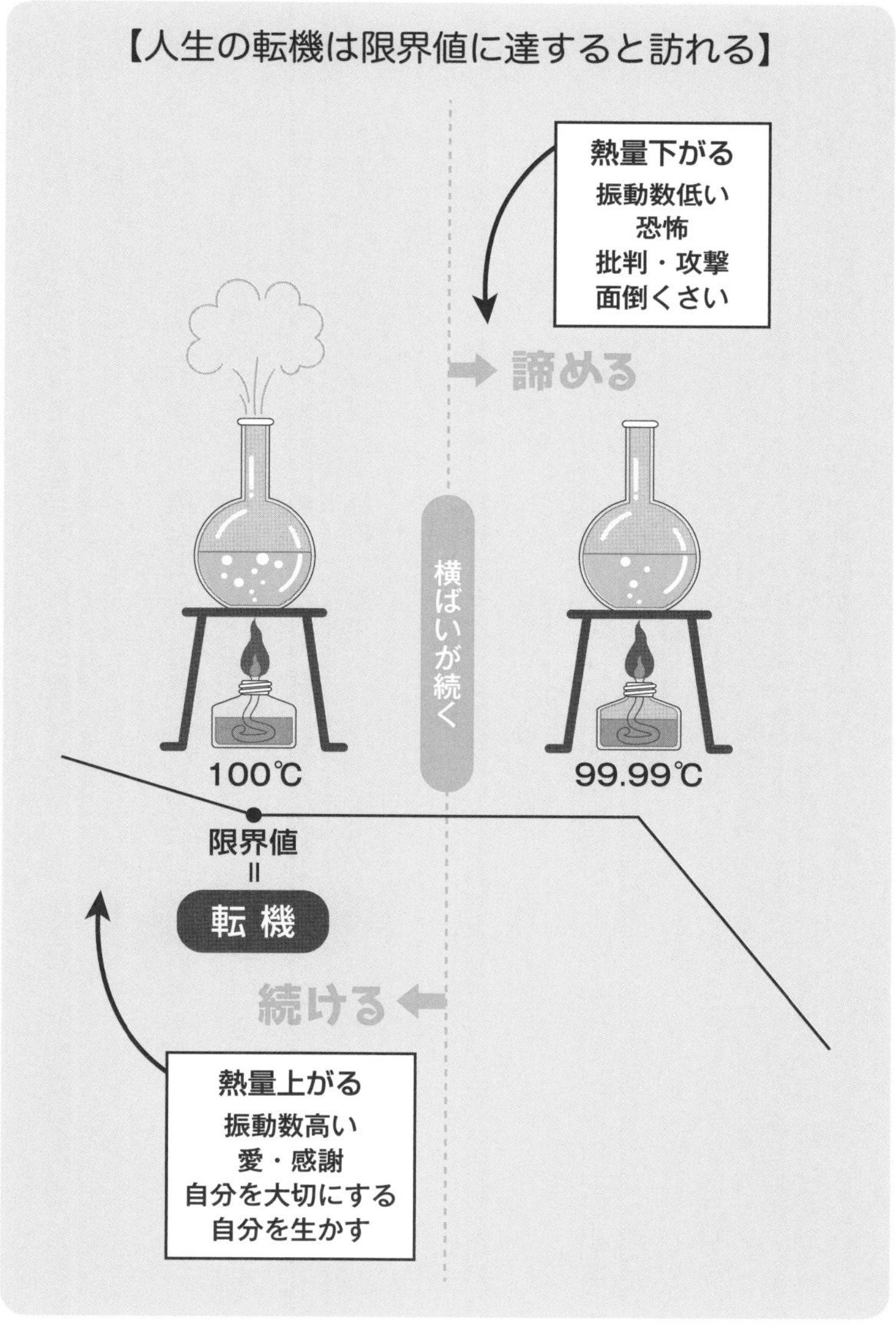
【人生の転機は限界値に達すると訪れる】
熱量下がる
振動数低い
恐怖
批判・攻撃
面倒くさい
諦める
横ばいが続く
100℃
99.99℃
限界値
＝
転機
続ける
熱量上がる
振動数高い
愛・感謝
自分を大切にする
自分を生かす

でも、たった6週間でそこまで成長したのではなく、4年間の下積みの結果、ようやく達したわけです。

私たちもそんなふうに、積み上げる習慣をつけていくといいですね。

このコロナ禍の中でも、なるべくいい瞬間を選ぶようにして、その行為を積み重ねていく。そうやってためてためて、積み上げて積み上げていったときに、空高く竹が伸びるように、新しい世界が開けるのです。


大雑把《おおざっぱ》なたとえですが、自分の中にイライラフォトンや幸せフォトン、自己否定フォトンなどいろいろな種類のフォトンがあって、全部で1万粒あるとします。

今の自分は、1万粒のフォトンのうちの5000粒がイライラで、3000粒が自己否定で、幸せフォトンが2000粒しかないという状態です。

でも、幸せをちょっとずつ選んでいくと、イライラフォトンのうちの500粒が幸せフォトンに上がって、また500粒が幸せフォトンに上がって、というふうにだんだん増えていって、全身が幸せの振動数に近くなっていく。

そうすると振動数がポンと上がって、内側のゼロポイントフィールドが出やすくなるということです。

あなたも今年一年、そういう生き方をしてみませんか。

子どもとの関係について

◆子どもの引きこもりは、親の周波数が響いた結果？

近年よく取り上げられる社会問題に、引きこもりがあります。

平成30年の内閣府の調査では、広義の引きこもり（普段家にいて、趣味に関する用事のときだけ外出する「準引きこもり」を含む）の人は、15～39歳という年代に限っても54万人以上いるそうです。

読者のみなさんの中にも、子どもの引きこもりで悩んでいる方がいらっしゃるかもしれませんね。

そういう現象のとらえ方としては、「母親や父親自身が子どもに対して、そういう周波数を広げていないか？」と問われていると思ってください。

つまり、親が「本当は出勤したくない」とか「どうせ私なんて。人生どうなってもいい」という周波数を子どもに響かせていないか、自分にたずねてみる必要があります。

お父さん、お母さんはそのままの自分の人生を生き切って、**子どもの心を拾う以前に自分の心を拾ってあげることが大切なのです。**

「俺、これだけこらえていたんだ」と気づいたり、自分に対して「大変だったんだな、がんばったね」と言うねぎらいの周波数を出して、子どもに対しても「あんたも大変だったね」と気持ちを汲む。すると、子どもがすっと外に出られるようになったりします。

出発点は自分の周波数で、現象はそこで響き合っているだけなので、そういうことが起こるのです。

だからまずは自分がしてもらいたいことを自分にして、子どもにも同じようにしましょう。

私自身にもこんな思い出があります。

長男が３歳ぐらいのとき、ウルトラマンごっこをして遊んでいたのですが、私は子どもと一緒にはしゃぐことができませんでした。

理由はわかっていました。「父と心の中をさらけ出して遊ぶ」という感覚がわからなかったので、子どもとの遊びに入れなかったのです。

このまま可愛い息子が小学校高学年ぐらいになって、かつての自分がそうだったように、自分に心を見せられなくなったら嫌だと思いました。

「じゃあ、自分はお父さんからどうしてもらいたかったのかな」と考えたら、素直に自分の心の中を全部見せながら一緒に遊びたかったのだと思いました。

それを長男とやろうと思い、ウルトラマンごっこで一緒にはしゃいで遊んだとき、長男の心から楽しそうな笑顔に、自分が泣きそうなくらい癒されました。

そこで感覚がゆるんで長男との関係が動いたことで、父との関係も動きました。

私が心を見せられないエネルギーでいれば、父もそのままだし、子どもと腹を割ってつながり合えば父ともそうなれます。

すべては私発振の周波数だからです。

お子さんとの関係に困っている人や、お子さんが苦しんでいるのを見ている人は、「もっとこうしなさい！　学校へ行きなさい！」ではなく、たとえば自分が中学のときに引きこもっていたとして、「本当はお母さんやお父さんにこうしてほしかった」という接し方を、自分が子どもにしてあげることです。すると関係が動きます。

一番大切なのは、子どもをどうにかしようと、変えようとするのではなく、親が「私の心のひきこもりたいエネルギーは何だろう」という部分を汲んで、自分でほぐしてあげることです。

自分に無理させるのをやめることです。

そうすると自分自身が元気になって動きたくなり、子どもも勝手に動き始めていきます。周波数で見ていくことで、きっと道は開けます。

◆障がいを持つ子との向き合い方

生まれてきた子が障がいを持っていた場合、最初のうちはその事実を受け入れるのが本当に大変なことだと思います。

出産直後やそれから数年は、「私があのときこうしていれば、あるいはこうしなければ、子どもがこういう体にならなかったのでは」とか、自己否定に入ってしまう人も多いでしょう。でも、いつまでも同じ状態は続きません。

私の知る限り、その子からもらった「愛を拡大していく」というメッセージに気づいた親御さんは、本当に神々《こうごう》しいエネルギーを出しています。

幼少期に事故で頸《けい》つい損傷となり、寝たきりでとうとう20代でお子さんを亡くしたお母さんを知っているのですが、その方は子どものために覚悟を決めて、夜中であろうが胃ろうや排泄の処理もして、とにかく献身的に介護をしていました。普段行く場所といえば子どもを連れていく病院とスーパーぐらいで、ものすごく行動範囲の狭い生活でした。でも、その方は本当に美しい愛のエネルギーであふれていたのです。

そこに気づかせてくれるためにお子さんがその出来事を選んで、愛を拡大させるために夫婦のもとに来てくれた。今苦しんでいる人も、そのようにとらえることで、心が楽になれるのではないかと思います。

親も子も、物質側で見ると、よく言われるように雲の上から「あの両親がいいな」と子どもが選んできてくれたというストーリーになりますが、素粒子の世界になると、「両親が９０００Ｈｚだから９０００Ｈｚの子どもが来た」ということになります。

「私が悪いから障がいのある子が生まれた」のではありません。全部周波数で響き合って、お互いに練り合いながら高まっていくために親子になったのです。

根本にあるミッションは、**私たちが本質のゼロポイントフィールドに気づくこと、愛に気づくこと、拡大させていくこと**なので、「こういう体に産んで申し訳ない」と思ったとしても、「では愛だったら何ができるか」と考えていく。自分の心にも、子どもにもだんなさんにも、行動として愛を広げていく。

そこに気づくために、その子が家族として入ってきてくれたととらえると、罪悪感や不安ではなく、大きな愛のエネルギーが湧いてこないでしょうか。

また、身内には障がいのある人がいなくても、そういう人たちと外で出会う機会はありますよね。

そういうときも、その人の意識の側を見てあげて、「あ、何か伝えたいんだな」とか、意味はわからなかったとしても、**見た目の奥にある「意識の周波数」で見る練習をさせてもらうといいです。**見た目の奥の存在の意識を、こちらが汲めるかどうかです。

ダウン症の子などは本当に純粋で、人を恨《うら》む気持ちとかずるさとか、そういうものがまったくないですよね。すごく学ばせてもらえます。

彼らが世の中に出てきてくれるということは、家族だけでなく、広くたくさんの人に気づきを与えてくれているのです。

「すべてが一体。時間と空間を超えて全部一緒ですよ」というのが本来の生命のあり方です。

人間はつい見えている側で判断してしまいます。

でも、アインシュタインも「視覚によってだまされている」と言っているように、そもそもの存在のエネルギー自体が宇宙全体に満ち充ちていて、時間と空間を区切ったこの瞬間で、相手がいると判断しているだけなのです。

私たちはそこに気づくために、彼らの存在によって、見えるものの奥の「意識の周波数」を見る訓練をさせてもらっているのです。

介護について

◆人生にときめきを感じる人は認知症になりにくい

私はまだ親の介護に携わっているわけではないですが、同世代からはだんだんそういう話題も出てきて、大変だなと感じつつ話を聞いています。

私は、「そもそも介護ありき」という世界をなくしたいですね。「もう年だよね、そろそろ介護しなきゃね」という状況すら減らしたいのです。

日本ホリスティック医学協会の名誉会長、帯津良一先生がおっしゃるには、「だんだん認知症が進んでいくのは生体上やむをえない。ただそれが亡くなる3日前に認知症になるのか、15年かけて進むかは人による」とのこと。

その違いは何かというと、「ときめき」だとおっしゃっています。

人はときめきがあれば認知症になりにくいというのです。

「ときめき、ワクワク、好き」の周波数に入っていると、認知症になりにくい。やることがなく、毎日ただぼーっとテレビを見ていたり、現実逃避というか、目の前のことに心を込めないでいると、社会から離れたいという意識が脳をスカスカにさせていくでしょう。

そうではなく、「私は目の前のことに何ができるか」という生き方ができる人が増えていけば、脳の健康を保つことができ、介護を必要としない人が増えていくでしょう。

そういう世界を広げることを、私の主宰する「開華」でもやっていきたいのです。

直接的に認知症をなくすとか病気をなくすということではなく、この世界を「生き生きとした、自分本来の道を歩む人たちだらけ」にしていくのが私たちの目標です。「介護ありきでどうにかしようとする、それ自体が違う」という世界にするのが、ゆくゆくの未来ビジョンです。

そうは言っても、現状として、介護が必要な場合があります。

「開華」のセミナーで感謝行をやっていた人の中に、私と同い年の女性がいました。その方のお母さんはおむつをつけて寝たきりだったのですが、娘さんが感謝行をやって4、5週間めぐらいから、お母さんに驚くべき変化が表れました。

お母さん自身は感謝行も何もしていないのに、おむつがとれて、台所仕事をやり始めたのです。

感謝の周波数と響き合って、その人本来のエネルギーが湧いてくると、そんなことも可能になるのです。

◆介護と親子関係

親の介護が必要になったときのとらえ方としては、親へのご恩返しをさせてもらえているというのがひとつ、それに加えて、前述のように「介護ありき」ではない、違う周波数を生み出して、ご本人のエネルギーが湧く方向にもっていけたら一番だと思います。

あと、認知症で困った行動が増えたり、トイレなどの失敗があると、介護する側としてはどうしても感情的になるものですが、そこで「自分の怒りを昇華させてもらえている」ととらえることができるかどうかです。

怒りを相手にぶつけるとその波が広がっていくので、避けたほうがいいとわかっていても、家族にはつい「何やってるの！」などと、言葉がきつくなってしまいがちですね。

そのとき「私はこれだけ怒りのエネルギーを抱えてきたんだな」と気づいて、きつい言葉を言ったあともすぐ気づいて、「お母さんごめんね」と抱きしめられるようになったらいいですね。

私自身が介護を体験していないので、まだきれいごとでしかないですが……。

また、そもそも親子関係がよくなかったので、親が要介護の状態になっても積極的にケアする気になれないという人もいるようです。

心をつなげないまま介護せざるをえなくなったとき、そのまま施設だけにまかせてしまって会いに行かない、放置するという選択もできます。

しかし、そうすると、自分のフォトンの振動数に響いてしまいます。

その周波数が人生をつくってしまうのに、「今までの恨みがあるから、あんな親はほっときたい」という周波数でいいのかということです。


自分の人生を良くしたいなら、一歩前に出て、何か親のためにできることをしてみましょう。

たとえば自分に子どもがいたとして、自分が介護を受ける側になったとき、子どもが会いに来てくれたらうれしいと思えるなら、それを自分の親に対してやりましょう。

繰り返しお伝えしているように、世界はすべてが素粒子の周波数でできています。

自分がどのパラレルワールドに住みたいかなと考えると、**「自分がしてほしいことを**

する」というのが、ベストな選択になるのではないでしょうか。

◆仕事としての介護

介護施設で働く人たちも、日々いろいろな思いで仕事をされていることでしょう。

職員の方々に暴言を吐いたり、暴力をふるったりする高齢者もいると聞きます。

そうしたおじいちゃんおばあちゃん方を、物質側で見る以前に、その根底の尊い命があることをいかに探れるか、そこに自分もお相手も楽になれる道があるのではと思います。

でも、実際に暴言を吐かれていたりすると、そういう気持ちになりにくいのも当然ですし、介護未経験の私が言ってもきれいごとになってしまうので、難しいところです。

それでもひとつ確かなことは、仕事とか作業の視点で見るのでなく、命としてお相手を見られるかどうかで、まったく現象が違ってくるということです。

介護の仕事でも、マザー・テレサにもなれるし、逆にヒットラーにもなれるのです。

マザー・テレサが携わっていた「死を待つ者の家」に行かなくても、目の前の現場で

愛を表現することはできて、それができるとマザー・テレサのような周波数になってい
けるかもしれないのです。

目の前のおじいさんが嫌なことをしてきた、それにムカついて100の怒りのエネル
ギーをぶつけたとして、スイッチはおじいさんの言動だったけれど、そのうちの95は自
分が生い立ちの中でためてきた怒りかもしれません。
「自分がためてきた怒りを見させてくれたんだ」
「自分の怒りに気づいて、高い振動数に引き上げさせてもらえる出来事なんだ」
ととらえながら仕事をすれば、お給料をもらいながら魂の学びをさせてもらっている
ことになります。
仕事は本当に大変だと思いますが、そういう見方ができると、日々のやりがいが一段
と増すのではないでしょうか。

寿命について

その人の生が充実していたかどうかは、生きた年数ではかることはできません。

生まれることなく胎内で亡くなったとしても、それもひとつの天寿であり、いつまでも深く残るメッセージを残してくれています。

親の死、身内の死はとくにメッセージが大きいですよね。

亡くなった後にこそ、大きな影響があります。たとえ相手を許していなくても、亡くなったその瞬間に許しが広がるなど、すごいことがよく起こります。

疎遠になっているとか、悲しいからといってためらわずに、亡くなった人とは最後に対面したほうがいいし、何より、死という現実を超えてお父さんお母さんの意識は全部ゼロポイントフィールドに広がっています。

自分が誰かを大切にする思いは死んだ後も残るので、同じように、亡くなられた親からの思いもずっと残ります。

自分をみごもって生み出してくれた人、それとお父さんの意識があって自分が存在しているので、親があなたを大切にしてくれた思いはずっと残ります。

親から離れた意識でいるとそこに親はいませんが、親への感謝ができれば、自分の意識の中には感謝の周波数で親が存在しているのです。

亡くなる＝肉体から意識が離れるだけなので、生と死の違いは肉体に入っているか否かの違いでしかありません。

仏教でも「生死《しょうじ》即《そく》涅槃《ねはん》」、**生きていることも死んでいることも両方涅槃、ゼロポイントフィールドなのだと言っています。**

生きている中にもゼロポイントフィールド側からの意識があるし、亡くなった人も、肉体がなくなってリアルに会えないだけで、このフィールドにちゃんと意識が存在している。

素粒子の特徴は「意識を向けたところの確率が1に近付く」。

あなたが感謝Ｈｚで亡くなられた人への意識を向ける＝「祈りを捧げる」、亡くなられた方の意識＝魂＝フォトンは素粒子ゆえ亡くなられた方は、あなたの感謝の世界の中に確率1で存在しています。

このことを忘れずにいる限り、亡くなった人たちは常にあなたの心の中に生きているのです。

第4章

あなたの天才性を発揮する——ゼロポイントフィールド

この章では、「神」や「ゼロポイントフィールド」と呼ばれる存在について、科学者が伝えている側からお話しします。

神とか魂の成長とか、見えないものに対して「怪しい」という感覚を抱いている人も、世の有名な科学者たちが、いかにそちらの世界をはっきりと認め、表現しているかを知ると、印象が変わってくるのではないでしょうか。

なお、すでに亡くなった歴史上の人物に関しては、敬称を省《はぶ》かせていただいています。

アインシュタインの伝える神

この章でも、まずは、ゼロポイントフィールドというエネルギー場の発見者であるアインシュタインの言葉をお伝えしていきます。

彼はこのように言っています。

「ひとりひとりに与えられた魂は、宇宙を動かしているのと同じ生きたスピリットによって動かされている」

これは私たちの命の源、ゼロポイントフィールドのはたらきについて語っているのです。

第2章でもお話ししましたが、私たちの体をミクロのレベルまで見ていくと、細胞があり、原子があり、その中に陽子、中性子があり、その中に素粒子があって、素粒子はひもでつくられていて、ひもはいつもゼロポイントフィールドから発生し、波打っています。

そのエネルギー場こそが、アインシュタインの言葉で言う**「宇宙を動かしている生きたスピリット」そのものの場所です。**

私たちの個人それぞれの周波数は、ゼロポイントフィールド側と同じスピリット＝精神フィールドによって動かされていると言っています。

みんなの命の素はゼロポイントフィールドから生まれてきています。

人間以外の犬や魚や植物も、机やパソコンも、アルミや鉄も、すべて原子でできていて、その原子の素が素粒子で、素粒子の素がゼロポイントフィールドだからです。

だから「すべての魂が、宇宙を動かしているのと同じ生きたスピリット、ゼロポイントフィールド側から動かされている」と彼は言っているのです。

さらに、こういうことも言っています。

「宇宙を支配する調和した法則の中で、私は毎日彼と対話する。
私は畏怖にもとづく宗教は認めない。
我が神は、その法則を通して語りかける」

この**「宇宙を支配する調和した法則」が、ゼロポイントフィールドです。**生き物がものを食べたり、排泄したり、代謝して栄養を全身に行き渡らせて成長するしくみや、雨が降って川が流れて海にいって蒸発するとか、そのしくみの全部が宇宙の法則で、そのしくみ自体が神様だとアインシュタインは表現しています。

アインシュタインも、実はこの部分は直感で語っているのです。本人はこの内容も方程式にしたいと願いつつ、そこまでは完成させることなくこの世を去りました。

「物理的な自然界のすべての法則を1個の方程式にまとめることができれば、神の心を読むことと同じだ」

と言っています。すごいことです。

そちら側は神様フィールドだと私たちに伝えているのですね。

神を表す二つの言葉～GODとDeity

ここでもう少し掘り下げてみたいのは、アインシュタインの「伝えたい神」と、「認めない」と言っている神（宗教）は何が違うのかということです。

アインシュタインの認めていない宗教上の神とは、英語で言うＧＯＤです。

ＧＯＤはたとえば白ひげを生やした偶像的な神様で、良い人にはマル、悪い人にはバツをつける、審判をする存在です。いわゆるみんなが恐れている神様であり、人間とは違う存在です。

「教会に献金すると天国に行ける」とか、「言うことを守らないと地獄に行く」とか言う宗教は認めないと明言しているのです。

アインシュタインが言っている神とは、「すべてを動かさしめている大いなるしくみ」です。ゆえに、それを英訳すると神＝Deityとなります。神性のことです。

それは、日本人が慣れ親しんでいる神、森羅万象に宿っているものです。

つまり、私と神は同じなのです。

これだけ抜き出して書くとめちゃくちゃあやしいですが、次を読んでくださいね。

「神」とは、Deity、ゼロポイントフィールド側のことです。昔から言われている、「すべての人に神性が宿っている」という言葉とつながってきます。

日本人の八百万《やおよろず》の神にも通じているし、仏教では「山川草木国土悉皆成仏《さんせんそうもくこくどしっかいじょうぶつ》」と言いますが、それにも通じています。**山も川も草木も全部素粒子で、ゼロポイントフィールドなので、その全部に仏性が宿っているということですね。**

そういう意味では日本人ってすごいですね。

【アインシュタインの伝える神】

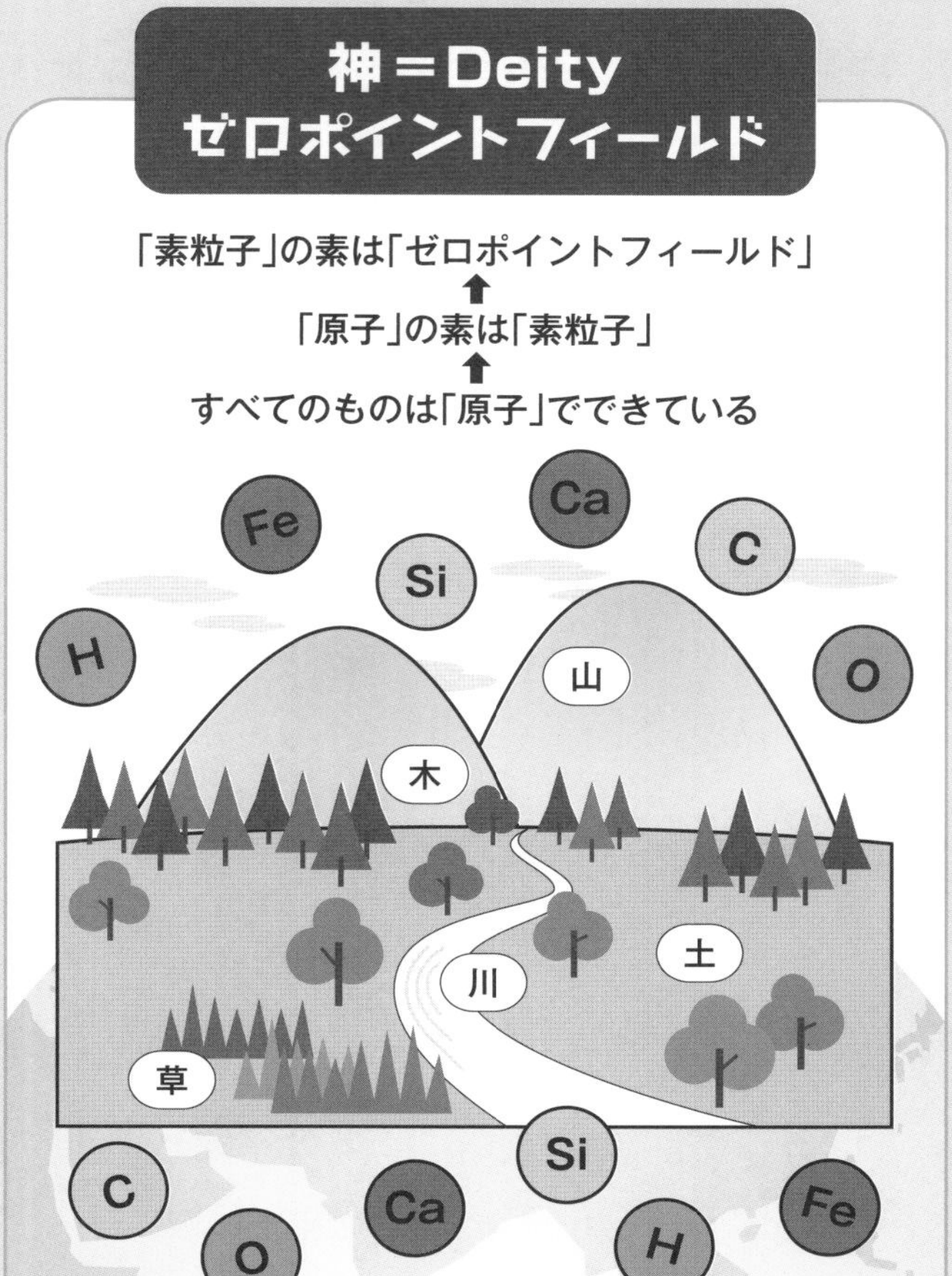

私たちは、物質側で言うと「AさんとBさんとCさんは違う」ということになりますが、ゼロポイントフィールド側から見れば全部同じです。

そちら側に視座をずらしていくと、みんなとのつながり感が出てきてます。

ゼロポイントフィールドが本当の調和の側で、そちらに意識を置いている人たちだらけになることが、本当の地球平和だと私は思います。

その部分をアインシュタインは強烈に言ってくれていて、こういう言葉も残していま す。

「人間が宇宙的存在としての自らの尊厳を、肉体的自我以上に自覚すれば、この世界は平和になることだろう」

自分たちは、本来はゼロポイントフィールド側の存在なんだと気づいて自分自身を尊ぶ。そして自分は身体以上の存在だと自覚すると、この世界は平和になる。

すごくうれしいことですよね。アインシュタインは、100年前にそういうことを言っているのです。

宇宙的存在を、スピリチュアルではなく、科学的量子的にミクロで見ていくと、私たちはエネルギー場でできている。そのエネルギー場が宇宙をつかさどっている。私たちはそこから出てきた存在であり、全員がその意識に入れば世界は平和になるというのです。

私は、そういう教育を学校に入れたいと考えています。

素粒子の存在までは科学で発見されていますが、この部分はまだ理論にとどまっています。

この先、ゼロポイントフィールドの部分をきっちり科学的に言えるようになれれば世界平和的な概念も進むな、と思っています。

ノーベル賞受賞者たちの見る「宇宙」と「生命」

二流や一流の科学者は神の存在を否定しますが、ノーベル賞クラスの超一流の人たちはみんな、「神の存在なしには宇宙を語れない」と言います。

量子力学の側から宇宙や神や生命を語る彼らの言葉は、ときに詩的で、心に深く響いてきます。

◉リチャード・ファインマン（アメリカ）

ファインマンは量子電磁物理学者で、1965年にノーベル物理学賞を受賞しています。ちなみに東大の物理の教科書には、『ファインマン物理学』というこの人の本が使われています。

彼が残した言葉にこういうものがあります。

「数学物理とは、神がやっているチェスを横から眺めて、
そこにどんなルールがあるのか、
どんな美しい法則があるのかを探していくことだ」

たとえば地球が太陽の周りを回っているのも、神様がチェスをして遊んでいるのと同じ。そのしくみを表しているのが数学物理。つまり、神のルールを表現しようとしているのが、数学や物理だというのです。

余談ですが、アインシュタインは午前中は研究室にこもり、誰も中に入れませんでしたが、「私の研究室は万年筆と紙だ」と言っています。「イマジネーションは魂からの言葉だ」と言い、想像することが知識を持つことより大事だとも言っていました。

直感で宇宙を感じて、万年筆でガリガリ計算して、もし方程式が煩雑になったら間違っている。ぴたっと美しくなったら正解。なぜなら「神は美しいからだ」と言うのです。

「ゼロポイントフィールドは美しい」と言っているのと同じことです。

ファインマンも「美しい法則」と言っています。

こんなふうに、科学者たちが、自分の感じている美しさや宇宙のしくみを伝えてくれています。

◉エルヴィン・シュレディンガー（オーストリア）

理論物理学者で、量子力学の基本方程式「シュレディンガー方程式」を提唱したのがこの人です。１９３３年にノーベル物理学賞を受賞しています。

彼もまた、「意識はひとつ」だと言っています。

「世界のどこを見渡しても、意識を複数のものとして見出せるような枠組みは存在しない。
個々の人間の自意識は、お互いに同じものであり、
より高いレベルで形成されている」

あなたも私も別々ではない。探そうとしてもその証拠は見つからない。あなたの意識も私の意識もお互いに同じもので、より高い次元の所でゼロポイント側からつくられていると言いたい。すべてひとつだと。

ノーベル物理学賞受賞者の方々が「意識はひとつ」と言っている。自信をもって伝えられますね。

◉デヴィッド・ボーム（アメリカ）

物理学者のボームは、ノーベル賞は取っていませんが、原子爆弾が開発されるプロセスでアインシュタインと共に重要な役割を果たしています。

二人はそれが戦争の抑止力になり、戦争の終結に役立つだろう、まさか使わないだろうと思っていたのです。

ところが、ルーズベルト大統領によって実際に原爆が落とされてしまったことにショックを受けて、それから科学技術の平和利用を強く伝えています。

そのデヴィッド・ボームも、このように言っています。

「観測される現実は、宇宙の観測不可能な深い領域、内在秩序から現れて顕在秩序となる。空間は虚空どころではなくエネルギーに満ち充ちているのだ」

目に見えている物質は、宇宙の観測不可能な深い領域、つまり目に見えない側、ゼロポイントフィールド側から現れて、目に見える世界になっている。空間は空っぽではなく、エネルギーにあふれているということです。

◉アーヴィン・ラズロ（イタリア）

第2章でもご紹介しているラズロ博士は、哲学者・未来学者で、ノーベル平和賞に2回ノミネートされています。ラズロ博士の言葉に、

「愛は私とあなたが〝別々の存在〟ではないということを知っている」

があります。うれしいですよね。

たとえば、私たちが赤ちゃんが愛おしいと思っているときは、その意識フィールドに入っていれば、赤ちゃんと私は一体で、別々ではないということを感じますよね。

私たちがその対象を可愛いな、きれいだなと感じたとき、私たちは赤ちゃんや花や風景と一体化しているのです。

もし赤ちゃんが泣きわめいたり、ペットが悪さをしたりして、「もうやめてよ！」みたいな意識になると、その一体感はなくなってしまいます。

意識を置く場によって平和になったり戦争になったり、ただのモノになったりエネルギーのつながる場になったり、一瞬で変化するのです。

要するに、赤ちゃんやペットが可愛いという意識のときには、日常の中でも座禅や瞑想の境地が手に入るのです。

すべてが一体の側であり、別々でない側にあなたがいられるのです。

宇宙飛行士が見た「すべての生命とのつながり」

ラッセル・シュウェイカートさんは、アポロ9号の乗組員の方です。

月刊『致知』2020年8月号の筑波大学名誉教授 村上和雄先生のページで、彼の言葉が引用されていたので、要約してご紹介したいと思います。

「宇宙船の外に出てカメラ撮影しながら実験するとき、カメラが壊れてしまったので待つように言われ、外で5分間ぐらい待っていた。そのとき、ふわっと一体感を感じた。宇宙空間から眺めると、地球は美しいだけでなく生きていると感じられた。そして私の生命は地球とつながっている、地球に生かされていると思った」

MIT（マサチューセッツ工科大学）で航空工学を学んだれっきとした科学者であるシュウェイカート氏が、こういう感覚になったというのです。地球は生命体だと。

まだ、その続きがあります。

「こうして宇宙のここにいるのは私であって私ではない。すべての地球の生命としての我々であって、今生きている命だけではなく、かつて生まれては死んでいったすべての生命、そしてこれから生まれ来るすべての生命を含んだ我々なのだ。

偉大な生命の輪のつながりに連なっている自分が見えた」

家族も、ペットの犬も、動物園の動物たちもみんな生命のエネルギー場から発生してきていて、江戸時代の人も弥生時代の人も、２万年前の人たちも恐竜たちも、未来の１００年後の人たちも、みんなその生命のエネルギー場から生まれて、そこに戻っているだけ。肉体に入って肉体から抜けているだけで、生命場自体はずーっとそこにあるということですね。

生命場の中に過去も未来もみんな入っていることを、感覚で感じているのがすごいと思います。

これが、宇宙飛行士の感じている、全部一体で、そもそも生命エネルギーが場に存在しているという話です。

人間の感情レベルでは、「嫌いだ、顔も見たくない、許さない」と思う対象であっても、彼らにも生命エネルギーが宿っていて、ということは同じゼロポイントフィールドから生まれてきている。根源側から見れば、全部が「愛は知っている」側でつながっている。

そこを思い出すことが、アインシュタインの言う、**「人間が人間的肉体的自我を超えて宇宙的存在だと気づいたときに平和だ」**、という側になっていくと思います。

私も、そういう平和が早急に広がっていくことを意図して活動しています。

エジソンも宇宙のメッセージを受け取っていた

ここでまたラズロ博士の登場ですが、こういうことも言っています。

「脳とは究極の保存媒体であるゼロポイントフィールドに対する単なる検索・読み出し機構にすぎない」

みなさんの脳みそは、ゼロポイントフィールドに行ってそこの情報を読んでいるだけだということも伝えています。

アメリカの偉大な発明家、エジソンも、自分のアイデアが生まれた源を、こんなふうに説明しています。

「宇宙という大きな存在からメッセージを受け取ってそれを記録することで発明としていたに過ぎない」

エジソンは頭もよかったのでしょうが、直感がすごかったわけですね。

私から見ても、ぶっとんだ天才というか、すごい発想が湧いてどんどん何かをやる子というのは、ゼロポイントフィールドに直結している感じがあります。

たとえば、私の塾の生徒に、授業中歌ったりするクセがある中学1年生の子がいるのですが、その子も、数学や理科は、入試問題を自分の頭だけで考えて解いてしまったりします。

そういう感じの子たちは、やはりアンテナの感度がいいのでしょう。ただ、ぶっ飛んだ天才は次に挙げるように往々にして社会的なことがよくわからず、適応力が弱いようです。

アインシュタインもそういうところがあって、髪は自分で整えられなくてボサボサだし、ぞうきんもタオルも同じ「布」としか思わないので、ぞうきんで顔を拭いてしまうような人だったそうです。でも、その分突きぬける力がすごいのです。

世の中のお母さんも、子どもが髪をボサボサにしていたり、ぞうきんで顔をふきはじめたら、「なんでそんなことするの?」と言わずに、「あら、アインシュタイン! 天才!」と思ってあげれば、その子は伸びていくかもしれませんね。

親がそういうところを叱ってダメな子扱いして、才能をつぶしがちですから。

何もかもが素粒子でできているという事実から見れば、本当は私たち全員がゼロポイントフィールドとつながれるはずですが、「これをしてはならない」とか「こういう子はダメな子」という社会通念が、つながらなくさせているのです。

しかし、すごく面白いことや没頭できることに浸っていくと、誰でもそちら側に入っていくことができると思います。

稲盛和夫さんは、直感の引き出し方についてこんなふうに語っています。

「この宇宙には知恵の蔵、真理の蔵というものがあって、純粋な情熱を傾けて一心不乱に取り組むその真摯《しんし》な努力に対して、神様は知恵の蔵の扉を開き、一筋の光明がさすように、困難や障害を克服するヒントを授けてくれる」

ここで言う「知恵の蔵」が、ゼロポイントフィールドにあたる場所です。

宇宙にはそれがあって、「そこに純粋なエネルギーを傾けていると」、その真面目な努力によってゼロポイントフィールドとつながることができ、困難を乗り越えるヒントをダウンロードしてくれるということですね。

「これで金儲けしてやる」とかではなく、純粋な利他（まわりのために自分を生かす）のエネルギーでやっていくと、ご縁で引き寄せ合う人たちも「まわりのために」という方々なので、いい感じでスムーズに事が運びます。

「金儲けしてやる」というフォトンを飛ばすと、同じような人と呼び合うので、ギスギスギラギラする感じですね。

モーツァルトら、偉大な音楽家のつながっている次元

クラシックではモーツァルトが好き、という方は多いですよね。

彼は日本で言うと江戸時代の中期の人で、まずそこに驚かされます。35歳で亡くなるまでに７００曲以上も作っていて、本当に天才だと思います。

ところが本人曰く、「私が書いたのではない。向こうから聞こえてくる曲を書き写しているだけだ」とのこと。

曲が聞こえてきて、それをサラサラ楽譜に書き写しているだけだというのです。

ザルツブルグの生家に楽譜が保存されているそうですが、それは流れるように書かれていて、まったく書き直しがないといいます。

また、２０２０年の月刊『致知』６月号で、指揮者の小林研一郎さん、世界のコバケンさんは、このようにご自分を語っています。

子どものときにベートーヴェンの第九をラジオで聴いてすごいショックを受け、夜中に小学校の音楽室にしのびこみ、ピアノをいじった。それがお父さんにばれて、そんなに好きならと、福島から東京までピアノのレッスンに通うことを許された。

以来ベートーヴェンが大好きで、小林さんは第九の指揮を５００回以上やってこられた。この回数は、指揮者で最高ではないかと言われているらしいです。

第一番の指揮をしていると、ベートーヴェンが降りてきてくれるんです、よくやってくれてありがとう、その調子だ。みたいに語り掛けてくれるのだそうです。

しかも、「第一から第九まで、11時間指揮をしても息切れがしない」と、79歳のときにそう語っています。まるで誰かが自分の身体を動かしてくれているような、そんな感覚で指揮をしていると。

第九は、私も何度か別の指揮者の演奏を見に行ったことがあるのですが、激しい動きが90分ぐらい続くのです。

それを含めて一番から九番まで11時間、79歳でやり遂げられる。あの激しい動きをやって疲れない、息切れがしないというのですから驚きです。

ベートーヴェンの音楽を通して「感動を伝える周波数帯」に入って、身体が勝手に動いてしまう。これだけ好きになって周波数が合ってくると、人間の常識を超えた側の周波数帯になるということなのでしょう。

発明家なども同じです。私たちの身体も周波数でできているので、「躍動側」になってくると全身に活力がみなぎってくるのですね。

アンリ・ルイ・ベルクソン（フランスの哲学者、ノーベル文学賞受賞）も、こうした躍動感のことを伝えています。

「生命の躍動によって内なる生命エネルギーが外に溢れ出すと、私たちは歓喜に包まれる」

共著本を出させてもらった、帯津三敬病院名誉院長の帯津良一先生も、この言葉をひんぱんに引用されています。

このエネルギーを患者さんから湧き出させれば、自然治癒力がはたらいて、薬を超えた治癒が起こる。だからそれを湧き上がらせるために、気功や漢方薬や運動を推奨しているとおっしゃいます。

音楽家では、ジョン・レノンも面白いことを言っています。

「横になっているときに、いきなり曲が『完全な形』で詩も旋律もやってくる」

いきなり曲のほうから押しかけてくる。モーツァルトと同じ感覚ですね。

ドリカムの吉田美和さんも夢の中で歌詞が降ってくると言っています。

私が作成したカレンダーなどのイラストを描いてくれている私の姉も、夢で見たものを絵に描いています。

おそらく、夢を見ているときは、違う意識帯に入るのでしょう。

「その人の身体の振動数にふさわしいものを響かせれば、絶対にこの人は展開してくれるだろう」というものを見せてくれて、お役に立てる世界に連れて行かれるのでしょう。

世界的にヒットする音楽は、みんながそもそも知っている「神性側の周波数」を拾って、みんなが体感できるレベルに表現したものだといえそうです。

以上の人たちは神様側、ゼロポイントフィールド側とつながっていて、自分の天才性を発揮しているわけですが、そこには「どんなしくみがあるのか?」というのが、次のお話です。

本当の自分を生きる周波数帯

くり返しになりますが、体は原子でできていて、原子は素粒子でできていて、素粒子は1個1個ひもでできていて、ひもはゼロポイントフィールドから現れています。

そして、素粒子の中でも「フォトン」という素粒子が、いろいろな意識や感情をかたちづくっています。

目に見える側の人間臭いところには、たとえば「恐怖」「承認欲求」「自己顕示欲」「利己的」など、いろいろな素粒子の層があります。

それに対して、魂レベル側は、いろいろな想念や観念からはずれた本来の周波数。ゼロポイントフィールドに近い側の周波数数です。

魂側は、人間の喜怒哀楽を超えた「悦び」の世界だといわれます。

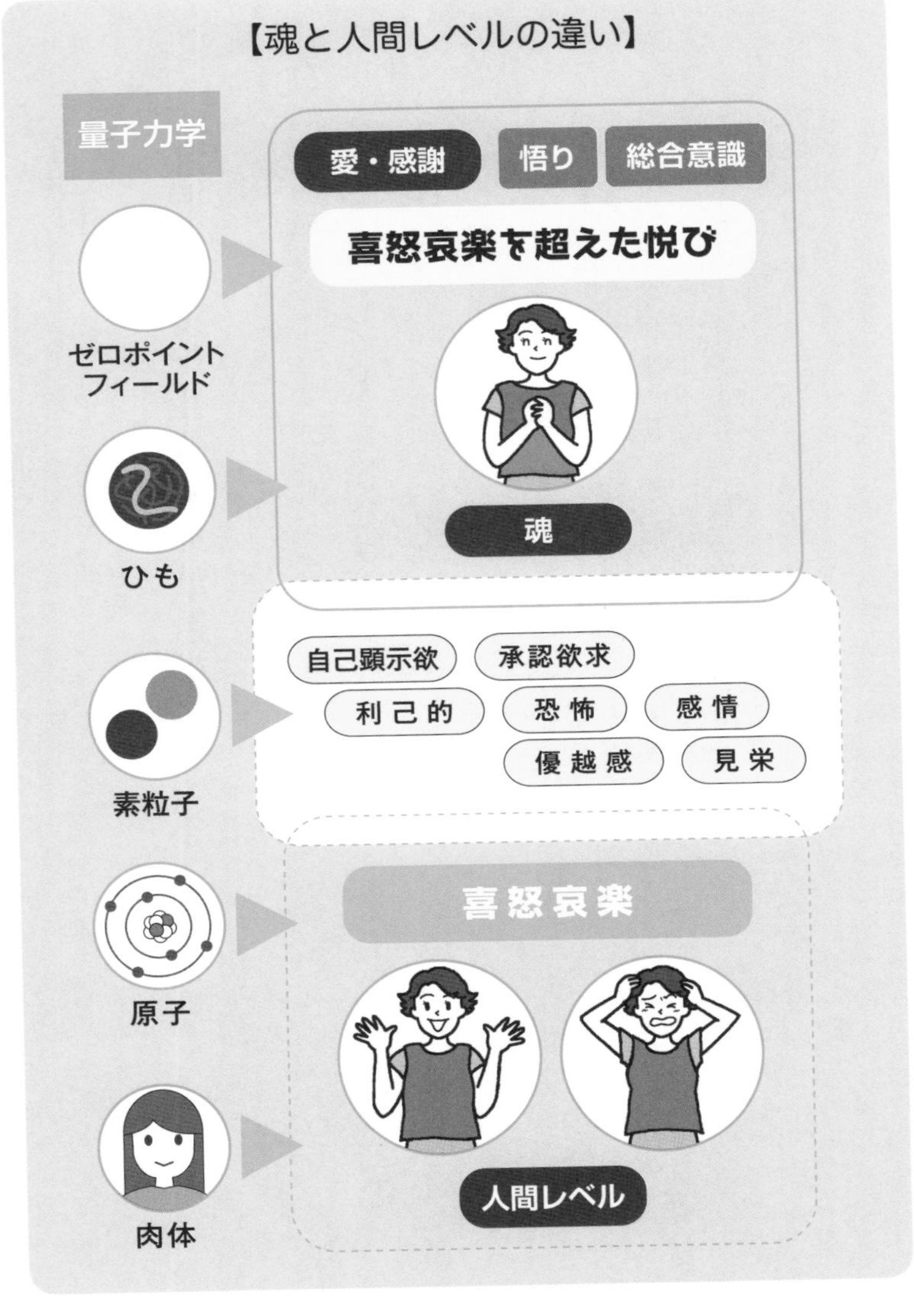
【魂と人間レベルの違い】
量子力学
愛・感謝
悟り
総合意識
喜怒哀楽を超えた悦び
魂
ゼロポイントフィールド
ひも
自己顕示欲
承認欲求
利己的
恐怖
感情
優越感
見栄
素粒子
喜怒哀楽
原子
人間レベル
肉体

「喜び」と「悦び」の意味の違いをご存知でしょうか？

喜怒哀楽の「喜」という字は、鼓のへんの部分と同じで、神様を太鼓で叩いて喜ばせているところを表しているのだそうです。つまり、「何かがあるから、何かをしてもらったからうれしい」という意味なのだとか。

一方、「悦」はりっしんべんなので、「心」が入っています。

ただただ、うれしい。何がなくてもうれしいということです。

「テストで百点取ったから、プレゼントをもらったからうれしい」ではない。ただただ幸せでうれしいのが「悦」です。

だから、魂側の周波数は「悦」のほうなのです。


私の仲間に、臨死体験のある人が何人かいます。

あるひとりは、熱が出て病院で注射したのが原因で、帰宅してからアナフィラキシーショックを起こしてしまいました。

「熱い、苦しい」ともがく中でふっと楽になった。光が射して、光の存在と対話した。

恍惚感に浸ったものの、彼女には障がいをもった娘がいて育てないといけない。

そこで今まで出したことがないくらい腹の底からの声で「私は帰らなきゃいけないのー！」と叫んだら、その瞬間に「ずしん」と身体が重くなり、こちら側に戻ることができた。そうして、救急車を呼んで助かったとのことです。

臨死体験した人がそれぞれ言うのは、「肉体に重さや熱さやつらさがあり、肉体を抜けたらそういうものはない」ということです。

２２６ページの図をもう一度見てください。

喜怒哀楽を超えた魂側が、「悦」のただ幸せな側。

ゼロポイントフィールドは愛、感謝側です。

ふだんの私たちは、承認欲求や自己顕示欲など、いろいろな欲や感情を持っています。

私自身も見せたがりなところがあって、それによって人が離れていくことなども体験したので、「ゼロポイントフィールドはそうではない側なんだ」と心から納得することができました。

いろいろ葛藤がありながらも、一個一個向き合ってその感覚を昇華していくと、「葛藤があるおかげで、自分の観念やトラウマが薄くなっていく」という実感もわくのです。

そして世の中を泳ぎ切る力がついて、自分の意識が自己顕示欲や承認欲求を超えた側、「愛、感謝、ただ幸せ」という側に、ゼロポイントフィールド側に至ります。

「赤ちゃんがただ可愛い、花がただきれいだ」という感覚の世界です。

本当のあなたを生きるための周波数帯も、まさにそれと同じなのです。

日常の中でゼロポイントフィールドの周波数になる

私たちは日頃、いろいろな思いを持って人を見ています。

「夫からこんなふうに言われることが怖い」

「お父さんに認めてもらいたい」

「娘に言うことを聞かせたい」

これは目に見える側、肉体レベルで相手を見ている状態です。そうした利己的な周波数でつきあうと、向こうからも同じ周波数が出て、引っ張り合ってしまいます。するとと居場所がなくなったり、自分が相手を暴言でおさえつけてしまうなど、どんどん愛から離れていきます。

でも、だんなさんもお父さんも娘さんも、量子力学的に見ればみんな素粒子で、本来はゼロポイントフィールド側です。

いろいろな感情がありますが、「ゼロポイントフィールド側」「愛、感謝側」でつきあうことができれば、おのずと現実は整ってくるのです。

それでも、日常の中では、周波数帯を下げてしまいそうな瞬間が、どうしてもやってきますよね。

たとえば相手の言葉や態度にカチンとくると、つい「そんな言い方しなくてもいいじゃない!」などと言ってしまいがち。

すると226ページの図の中の「人間レベル」に当たるところ、喜怒哀楽の部分でつきあうことになってしまいます。

そこを、「愛だったらどうなんだろう、ゼロポイントフィールドだったらどうなんだろう」と考えたり、「夫がわがままを言ってきた背景はなんだろう、生い立ちは、思いグセはどうなんだろう」と相手のことに思いをはせたりしてみる。

それらをふまえて、全部知ったうえで、「疲れていたんだね」という声かけができれば素晴らしいです。

怒りやイライラの周波数が出そうになったときも、気づいて自分自身でそのイライラを感じてあげて、ゼロポイントフィールドの側から相手を見る。すると自分の周波数が変わるので、相手からも同じ周波数が返ってくるのです。

ゼロポイントフィールドからの流れが途切れてしまう場合

もうひとつ注意点があります。

自分では前向きだったり、人のために一生懸命やっているつもりでも、ゼロポイントフィールドからの流れが途切れてしまっている場合があるのです。

がんばる、力《りき》む、人と勝負する、人にどう思われているか気にする、自己犠牲、自分はどうなってもいいからまわりに尽くす……。


こういう周波数帯で生きると、つながりではない物質側なので、愛や感謝側の流れが途切れてしまいます。役割側になってしまうのです。


これを私は、空手部にいた学生時代も、会社員時代もずっとやっていました。

自分自身を消して、「社長のせがれ」とか「父親として」生きようとすると、人からの評価や社会的評価を中心におく生き方になってしまいます。

だから苦しくなってしまう。日本人に多いケースです。


本当は、私たちにとって、魂レベルこそが本来の自分の周波数帯です。自分の本心のままでいることが、自分の使命を果たしている状態です。

ゼロポイントフィールド側は、良い悪いではなくて、すべて必然ですべて感謝です。

「会社の上司、同僚、部下が何か言ってきたことの感謝ポイントを探す」。そして社会の中でも、日常起こる出来事はよりみんなに愛をふりまきながら生きられるように、教えてくれているのです。

天命とは、感謝側にあるものです。

「ただありがたい」側で突き動かされるのが、天命で生きている状態です。根性や気合の側ではないのです。

先述の指揮者の小林研一郎さんも、ベートーヴェンの音楽への感動を伝えるために、ずっと動いておられます。

羽生結弦選手も、リンクに感謝して感動を伝えています。東日本大震災のときに宮城県のスケートリンクの上にいた羽生選手は、恐怖を乗り越えてみんなに感動を伝えたいという思いでやっている。世界チャンピオンになるためというより、「皆に感動を伝えたい」のほうが勝っているので、振動数で感動が伝わってくるのだと思います。

そんなふうに、**何のためにやるかの周波数によって、引き寄せられる現実も変わりま**

す。

もうひとつ大切なのが、「自分との関係」です。

人の悪口を言わないとか穏やかに対応するとか、人にトゲを出さないようにすることは意識すればできます。でも、自分にトゲを出さないのはけっこう難しいのです。

私も2年ぐらいかけてその部分をはずしてきたのですが、以前は「あ、やっちゃった。俺、バカだな」「我慢すればいいんでしょ！」「誰もやらない。いいよ、俺がやるから！」という〝意地を張る〟など、自分にものすごくトゲを出していました。

夜家に帰ると部屋が散らかっていて、妻はもう寝ています。「いいよ俺がやるから」とか、何かグチられたり文句を言われても、「自分が悪者になっとけばいいや、言わせておけばいいや」とか。

これは俺が悪いけどこちらは悪くないとか、ちゃんと想いを伝えずに、1を言い返すと10言われるから黙っておこうとか。それもトゲです。

悲しさや怒りを我慢するのも、自分を封印してしまうことになります。

怒りを封印すると、喜怒哀楽の雲の中に「怒りフォトン」を１万、１万５千、２万粒と増やしてためていきます。

だから、「これだけ怒っていたんだね」と、自分でちゃんと感じてあげることが必要なのです。**我慢するのでもなく、外にぶつけるのでもなく、ただ感じる。**

ゼロポイントフィールド側の「怒りも持っていていいんだよ」「それもＯＫ。認めるよ」という周波数が響くので、つまり、怒りヘルツに愛のヘルツがかかるので、怒りの周波数が引き上がってラクになります。

驚くほどスムーズに「渡りに舟現象」が起きるとき

何かを成し遂げようとするとき、ちょっと難しく思えることでも、驚くほどスムーズに実現することがあります。

それはゼロポイントフィールド側の周波数で行動したときです。

つまり、「自分が満足するためにミッションを達成しよう」ではなく、「地球側やゼロポイントフィールド側のミッションを肉体に受けて顕現していこう」という行動になっている場合です。

すると、同じように地球側のミッションをもらった人たちと、地域を越えてすぐにつながることができます。**ゼロポイントフィールドの周波数は、万象とつながり、人やモノ、お金が自然と用意されていく側の周波数だからです。**

私はこれを「渡りに舟現象」と名づけています。

たとえば「開華」初のシアトルでのセミナーが実現するまでの流れは、こんなふうでした。

私が2018年の暮れに英語のレッスンを始めたことは第2章にも書きましたが、その時点で、「2019年に海外でセミナーをやろう」と目標を定めていました。

このとき意図していたのは、「英語力をつけて世界に出て行き、開華セミナーでみなさんにお伝えしているような感覚や考え方を、英語で伝えること。

そして、『みんなの根源が愛、感謝の状態だから、その周波数に入れば戦争がなくなって平和になるよ』という量子力学的考え方を世界に展開していく第一歩とすること」でした。


その後、２０１９年の９月から長男がカナダに留学することが決まりました。

それに先立って、７月から現地にホームステイすることになったので、「家族が同行してカナダに送り届けられたらいいな、その機会を利用して、アメリカのシアトルでセミナーができたらいいな」というアイデアが浮かびました。シアトルへはバンクーバーから１時間ぐらいで行けるので、地理的には問題ありません。

なぜシアトルなのかというと、シアトル・マリナーズにイチロー選手がいたからです。現地に飾られたイチロー選手の大きな写真パネルの前で、自分も写真を撮りたいなあという想いもあったのです。

でも、そこでセミナーができるようなツテがあるのかというと、まったくありません。英語のレッスンをしてくれている五十嵐先生がシアトルに９年在住経験があったので、なんとなく地理はわかるのですが、現地の事情や会場のことまではわかりませんでした。

そして出発の3カ月前、4月になったある日。

日本人女性のSさんからフェイスブックの友達申請が来ました。

送られてきたメッセージを読むと、なんとそこにはこう書かれていたのです。

「私はカナダ在住で、毎日メルマガを読んで感動しています。もし村松さんがカナダでセミナーをやるときは手伝わせてください」

国を越えて意図が通じ合うんだなと思いました。

そこで、「バンクーバーに行くんですが、シアトルでセミナーをやりたいんです」と話をして、「ご自宅からはバンクーバーとシアトル、どちらが近いですか？」とたずねると、「距離は同じだからどちらでもいいですよ」とのお返事。結局、Sさんが会場の手配や当日のお手伝いもしてくださることになり、しっかりと手筈《てはず》が整ったのです。

セミナーでは、午前中は日本人、午後は外国人に向けて話をしました。

まだ英語力が追いつかないので、「スライドに書いてある英文を読んでいる」みたいな感じになりましたが、自信もついたし、これからのためにもやってよかったと思いました。

「渡りに舟現象」をどんどん起こすには

何でもそうですが、動かなければ、自分がどのレベルにいるかわかりませんよね。

恥をかかないと、なかなか「やろう！」という気にもなりません。

完璧になったからやろう、ではなく、動いてやってみて改善点を見つける。

動いて感じて、感情が動けば、周波数帯が変わって違う自分になるので、違う周波数帯から世界を広げることができます。

「完璧になるまで動かない」とやってしまうと、周波数帯が動かないので、そのままずるずる行ってしまいます。

だから、塾の生徒たちにも「80点でいいからとにかく毎日やろう」と伝えています。

80点で毎日提出し続けていると、最初は幼稚園の80点、小学校3年生の80点、6年生、中学生3年生と、基準が上がってきます。

ずっと80点だけれど、ベースの上がった80点になってくるのです。

私が毎日動画をアップしているYouTubeも、出来栄えはいつも80点ぐらいですが、3年前よりも自分がノレているし、人に伝わるし、スライドも簡単に作れるようになりました。

「渡りに舟現象」がどんどん起こるのは、この章の前半で紹介した**天才たちがつながっている側、自分が突き動かされる側です。**

「これをやると儲かるかな、まわりから評価されるかな」だと、ゼロポイントフィールドからのダウンロードはできません。

周波数帯が違うからです。

周波数帯が、それぞれ下敷き状になっている感じです。

層に分かれたかたちで、怒りヘルツ、自己否定ヘルツ、悲しみヘルツ、幸せヘルツ、喜びヘルツなど、いろいろな周波数帯が並んでいるイメージです。

【「渡りに舟現象」をどんどん起こすには】

人間の感情的なところを超えた、「ふっと来る直感や感覚」で動く。ゼロポイントフィールド側、生命が躍動感を起こす側の流れであれば、いろいろな人たちとスーッとつながってくるのです。

モーツァルトやジョン・レノンのようにそのまま曲が降りてきたり、稲盛さんの言う知恵の蔵から貴重なひらめきが生まれたりします。

ゼロポイントフィールドは「空」の世界

自分の体の素粒子が、宇宙中に遍在するゼロポイントフィールドから生まれてきています。

すでに書いたように、ここに存在する物質を顕微鏡で見るようにして、視座をずらすと、電子雲で、まるでドライアイスの白い煙のようなモワモワ状態になり、そこからさらに視座をずらしていくと、素粒子すら点滅を繰り返しているエネルギーフィールドしかありません。

「物質」がそのまま「エネルギーフィールド」です。

ミクロの世界にフォーカスしていくと、だんだんそうなる（変化する）のではありません。

水でたとえるとわかりやすいかもしれません。水も、だんだんH_2Oになるのではなく、水は最初からH_2Oという分子の集まりでできていますよね。

私たち人間も、いつか分子や原子や素粒子になるのではなく、そのままで分子、原子、素粒子です。

それは宇宙中に広がっているので、まさに、リアルに、私たちのいる「今ここ」の全体が、宇宙全体とつながっていることになります。

ということは、**そのままでゼロポイントフィールドなのです。**

ゼロポイントフィールドは、**お釈迦様の言う「空《くう》」の世界です。**

目に見えている側、物質側は「色《しき》」です。

般若心経《はんにゃしんぎょう》の「色即是空《しきそくぜくう》、空即是色《くうそくぜしき》」は、「目に見えているものは、そのままイコールゼロポイントフィールドであり、ゼロポイントフィールドがそのまま物質だ」ということを言っているのですね。

これは信じるとか信じないとかではなく、「あなたはエネルギー体ですよ」とただ言うと「あやしい」と思う人もいるのですが、**量子レベルで見ると、私たちはエネルギーでしかないのです。**

エネルギー体であるということは、振動ということです。

あなたも机もお皿も全部エネルギー体。

そして周波数で引き寄せ合ったり、物質化しているのです。

神性を祈り出して変わった人生

２０１５年頃に大阪のセミナーがあり、その前に御霊《ごりょう》神社という神社を参拝しました。

そのとき、本殿の右に小さな祠《ほこら》があったので手を合わせると、「あなたの内側の祠を拝みなさい」というメッセージが来たのです。

「自分の内側の祠か……」と思った次の瞬間、自分の内側の祠を拝むというのは、「自分の神性を出す」ということなんだと気づきました。

それまでは、「まわりからもらう、学ぶ」という感覚で、神社で祈るときも「神社からもらう」という感覚だったのですが、それが変わりました。

自分自身がゼロポイントフィールドだから、そこの振動数を響かせて、自分から出していけばいいという感覚が生まれたのです。

先述した指揮者の小林研一郎さんやモーツァルトのように、「自分にふさわしい周波数を肉体に受けて、それを3次元世界に顕現していく」ということの意味がわかってきました。

私は得手不得手がすごくはっきりしています。法律や経営などはまったくわかりません。でも、子どもにスイッチを入れるという得意技があります。

宇宙の感覚を物理や数学で考えて、それを子どもたちにわかるレベルで伝えて、子どもたちが「あー面白い」「へぇー」と言ってキラッと目が輝く、その瞬間が本当に大好きなのです。

子どもたちに、「自分がどれだけ素晴らしいか」を気づかせること。私がその周波数をもらい受けて、この肉体を通して表現していくことは、自分の神性を顕現していくことになるんだと気づいたのです。

だから、魂の乗り物である体も大切にしないといけません。

私も、天寿を全うするために体を丁寧に扱うことを心がけるようになりました。

それまでは、夜中でもかまわずパソコンの画面を見ていたりしていたのを、「目をもっと大事にしよう」「ゆっくりお風呂に入ってほぐしてあげよう」という具合に、体に感謝することなども意識できるようになりました。

マイナスを埋めるよりも、プラスを生かして大成功

そして今は、セミナーの前に部屋の中で祈り、神社の本質の振動数と自分の本質の振

動数を共鳴させて、整った状態でセミナーに臨むようになりました。

すると参加者のエネルギーが大きく動いて、終わる頃には2時間前の悩みがなくなる、そういうことが起こるようになりました。

セミナー前と後では、その人がつながる周波数帯が変わるからです。

そうやって、私たちが現実をつくるしくみの説明にプラスして、ゼロポイントフィールドの周波数を響かせていくことが、セミナー中にできるようになりました。

それを圧倒的スピードでやっていくことが、今の地球に必要だと思っているのです。

その振動数を地球に響かせていくことで、世界中の人々の周波数が変わり、自分を生かす側に入れるので、病気も戦争も自殺もない世界が現れます。

学校や教育関連の方たちにも、自殺をなくす活動よりも、**「自分自身の最高の振動数を活かすことを伝える」**という活動を望みます。

「いかに自分を生かすか、自分の得意を引き出せるか」という在り方は、「死なないようにしよう。でも、どうしても無理なら死んでしまえばいいんだ」という在り方とは周波数が違うので、結局はそれが自殺をなくしていきます。

ゼロポイントフィールドとつながって自分の本来の神性を生かすことは、私だからできるのではありません。みんながその同じエネルギー場から生まれているので、全員にできるのです。

生徒たちにも、「みんな何か得意分野があるから、それを生かすんだよ。先生なんて国語0点だよ」といつも話しています。

塾には、計算が遅い子や、字がグチャグチャの子などもいます。

でも私が見るのはそこではありません。

たとえばサッカーや野球、剣道など、大好きでやっているスポーツがある子には、「試合中のその感覚を授業中に入れ込んでみてね」とアドバイスしています。

「僕はこれでいいんだ」「私はこれでいいんだ」という感覚を伸ばすような教育をしているのです。

世の中の、世界で活躍している経営者の中で突き抜けている人たちも、そうやって能力を発揮しました。

映画の世界で知らない人のいない、スティーブン・スピルバーグさんやジャッキー・チェンさんも発達障がいです。

ジャッキーさんは自分の名前もあまり上手に書けないのですが、体を使うほうにすべてを注ぎ込みました。スピルバーグさんも勉強ができなくて、それをバカにされるのがいやで学校にあまり行かず、2年遅れで卒業しています。

でも、映画と妄想の世界に入り込んで自分を生かす道を見つけました。

このように人より抜きん出た能力がある人ほど、「こちらはうまくできないけど、あちらはものすごい」という、凹凸の世界で生きていることが多いのです。

「これが好き」「これが楽しい」の振動数を響かせていくと……

今度は大人の例で考えてみましょう。

ぶっ飛んだ天才タイプではない、ごくふつうの人が神性を発揮するには、日々どんなことを大切にすればいいのでしょうか。

たとえば新卒で入った会社で、与えられた業務の全部が好きかといったら、そうじゃないですよね。

そういうときは、**「好き」を見つけて心を震わせ、その周波数を嫌いなものにも響かせていくといいのです。**

それがいつか、自分の最高の「本当の状態」に導いてくれます。

1日3秒でもいいから「これが好きだ」という感動を味わう時間を持ち、それを5秒、1分、1時間と伸ばしていきましょう。

仕事用のバッグなども持っていて気分の上がるものを選び、パソコンにもデスクにも、「好き」という振動数を響かせてあげる。「仕事の後で、このカフェに立ち寄ると元気になれる」みたいな、好きな場所をつくるのもいいですね。

「これで自分の天才性を発揮する」というつもりで、**「これが好き」「これが楽しい」を響かせる時間が増えていくと、自分の得意分野を生かせるようになります。**

脳のシナプス（神経回路）もどんどんつながってきて、上司から言われたことも、耳慣れない社会的用語もスッと理解できるようになっていきます。

「自分はここに合わない」と思いながら仕事していると、そういう周波数でしか世の中を見られなくなり、その回路が太くなるので、マイナスの出来事を引き寄せるようになり、結果的に「ほら、クレームが来た。やっぱり合わなかった。やめます」という結果になります。

次の職場でもまた同じことになったり、出社できなくなって社会に適応できなくなったりします。実際にそういう方も多いので、ぜひ切り替えて、好きの振動数をいろいろなものに響かせていくことをぜひやってほしいと思います。

まったく違う部署に異動になったときなども、最初は嫌だと思いがちですが、そこでリーダーになれるか低迷してしまうかは、自分のとらえ方次第です。

「またゼロからやるのか」と思うのか、「自分のキャパが増える」と思うか。

ヒルトンホテルの創始者、コンラッド・ヒルトンの有名な話があります。

あるとき彼はインタビューを受け、記者に「元々ベルボーイだったのに、よくこんな世界的なホテルを造れましたね」と言われました。

彼の答えはこうでした。

「いや、僕はベルボーイではない。世界のホテル王がベルボーイから体験していったんだ」

ベルボーイをやっているときから、すでにホテル王の感覚だったと。

「こんな部署、最悪」とか、「今度これをやらされるの？」ではなく、「ホテル王ならどうするか」という視点でキャリアを増やしていったということですね。

彼が教えてくれるように、目の前のことをどの周波数帯で見るかで20年、30年後がまったく違うものになるのです。

食器を洗うことは、あなたの心を洗うこと

仕事にかぎらず、日常の細かい作業に関しても、同じことが言えます。

たとえば食器洗いや片づけなど、家事をどうしても楽しめない。

共働きで、女性が家事の大半を担っていたりすると、「なんで私がこれをやらないといけないの。私だって仕事してるんだから」と言いたくなることもありますよね。

うちの妻も、かつて食器洗いが嫌でしかたないときがあって、ある先生に相談したことがあります。

すると、「あなたが食器を洗うことで、あなたの心を洗っていることになります。あなたの心を清めれば清めるほど、世界中の人の心が清まります」と言われて、「はっ」としたそうです。

なるほど、そういうつもりで、そういう周波数で洗えば、食器洗いもまったく意味が違ったものになります。

ひとりがイライラのフォトンを出しながら食器を洗えば、世界のイライラのフォトンの数が1万粒あったとして、それが1万5千粒とかに増えてしまいます（実際は10の何十乗粒です）。

でも、もしあなたが「こうやって心を洗わせてもらっているんだ、ああスッキリ、きれい」と思えたら、1万粒のイライラのフォトンが8000粒に減って、「きれい」のフォトンが2000粒増えるので、地球上に浄化の周波数が増えます。

量子的に見ると、あなたはそういうフォトンを増やしているのです。あなたの思いが、地球平和のフォトンを増やしていることになるのです。

付け加えるなら、繰り返すことによって、フォトンの威力はさらに強まります。

内観に行って痛感したのがこのことです。

内観では、たとえばお母さんに対しての5歳から10歳までの記憶を見つめ、次は10歳から15歳、と順番にやっていきますが、１回だけやって終わりではなく、同じことを何回も繰り返します。

すると床のワックスがけと同じで、何回も何回もやることによって、深まり方が変わってくるのです。１回、10回、１００回と、磨き続けることでテカリが変わってくる。毎日コツコツやると練られてくるのです。

そうじも、「やってもすぐ汚される」と思うか、「繰り返しやればやるほど輝きが増してくる」と思えるかで変わってきます。

一見、同じことの繰り返しのようでいて、嫌がらずに続けてみると、見えてくる世界があります。あなたのフォトンがますますきれいに輝いていくのです。

おすすめは「ありがとう」を全身に響かせる

前述のように、私はセミナーの前に、お祈りをしています。塾が始まる前にも同じことをしています。一緒にやってくれている仲間たちと、声を出して「ありがとう」を部屋に響かせることもしています。

これが、私たちにとっての「神性を祈り出だす」行為で、これによってゼロポイントフィールドの周波数と共鳴しているのです。

そのとき私がとくに大切にしているのは、**「響かせる」という部分です。**

量子レベルで見ると、エネルギーを動かしたら物質が動くので、極論すれば、人に何かを伝えようと思ったら、話す内容よりも**声の響きのほうが重要だと思います。**

たとえ1000万円のバイオリンでも、下手な人がイライラしながら弾くのと、超整った人がすごい振動数で弾くのとでは違った曲になりますよね。

同じように、セミナーも、誰がどういう意識で話すかで違ったものになるので、「とにかく響きだ」とみんなに伝えています。

「神性を祈り出だすこと」を意識し始めてから、私が3年以上、年間350日ぐらい続けているのは、お風呂で身体を洗い終わった後、湯船にあおむけになって耳まで浸かり、胸に手を当てて声を出すことです。

そうすると、全身に音が響いてくるのです。昨年ぐらいから突然声がよく伸びるようになって、すごく気持ちのいい響きを感じます。

声に出すのは、お経でもマントラでも讃美歌でもかまいませんが、**どんな人にもおすすめできるのは「ありがとう」という言葉です。**

全身にそれを響かせていくと、瞑想を超えた状態になる感じがします。

仏壇で使うおりんや、セブンメタルの金属のシンギングボウルの音などが、肉体に一番響きやすいと聞いたこともあります。石（水晶）でできたクリスタルボウルは、意識体、オーラに響きやすいと聞きました。

でも、日本声診断協会の中島由美子先生によれば、肉体にもオーラにも一番響きやすい音は、「整ったときの自分の声」なのだそうです。「だから声を整えるのは重要」とのこと。

整った声が、「無感情なのに涙があふれるような状態」に導いてくれることは確かにありますよね。お坊さんの読経の声とか、私はイギリスのリベラというボーイソプラノのユニットの歌声も好きです。

自分自身の周波数を整えれば、自分の声も整います。

場所は神社でも部屋の中でもお風呂でもいいし、アロマを焚きながらでもいいので、心静かな状態で、「あ、これ好きだな」という感覚を自分の身体に響かせていく。気持ちいいと感じられる状態にする。

すなわち、ゼロポイントフィールド側の周波数になって声を出せば、その響きそのものが、神性を祈り出すツールになるのです。

次章では、「〇〇のせい」を「おかげで」に変えて、「愛、感謝」のゼロポイントフィールド側に自分を置き、人生を変えた人たちをご紹介します。

第5章

人は変われる

起こった出来事から卒業するために

いろいろな出来事は、向こうから勝手にやってくるものではありません。

すべて私たちの出す波動、周波数の結果です。

だから、その出来事から感謝のメッセージを汲むことができれば、その出来事は卒業となっていきます。

たとえば、悲しみの周波数があるのに気づかないで封印していたり、悲しむことを軽蔑していると、いろいろな人の悲しみに寄り添えないので、愛が拡大しません。

そうすると、悲しみの周波数を出し続けるので、悲しい感情に翻弄され、取り乱して「一生抜け出せないのでは？」と思ってしまいます。

でも、「あのとき私はそれだけ悲しかったんだ」と理解して、「悲しみを味わうことで人の悲しみも理解できるようになった。悲しみのおかげで自分が拡大した、ありがたいな」と「愛、感謝」の周波数になれたとき、悲しい出来事を俯瞰《ふかん》できるようになってゆきます。

私が主催する「開華セミナー」がめざすところも、まさにその世界です。

その中では、本書に書いたような「意識、感情、現実化のしくみ」をお伝えするとともに、自己肯定感を高める「自分ほめ」や、過去の経験の中に「おかげで」を探すワークによって、本来の周波数を取り戻してもらっています。

この章では、セミナーに参加してくださったみなさんの中から、数名の方々の事例をご紹介していきます。

文字にするのもつらいような、大変な状況をくぐり抜けてきた方ばかりですが、どの方も「私の体験がみなさまのお役に立つなら、ぜひお使いください」とおっしゃって、この本への掲載を快く許可してくださいました。

これらの実話から、私たちは自分自身の周波数しだいで人生をいくらでも変えられること、そのしくみが揺るぎなく存在していることを感じ取っていただければと思います。

性的に悲しい体験がありながら、涙が出るほど感謝の人生へ（Aさん・40代女性）

Aさんは、中学のときも、社会人になってからも、性的に悲しい体験をしました。それを封印して結婚したのですが、だんなさんの心の中がよくわからず、夫婦生活もつらい。「夫が全然自分を見てくれない」と感じていました。

初めてセミナーに来たときも、「きれいだけどおびえるエネルギーが強い人だな」という印象でした。おどおどしていて、自分がない状態です。

Aさんは「自分は存在していてはいけない」と感じていて、かつては自殺未遂を何度も試みるなど、自傷行為をしていたのです。

それが、セミナーで「自分ほめ」と「感謝行」「おかげで探し」をやっていくことと、同じつらい体験をクリアできたBさん（40代・女性）という先輩の出会いによって、変わり始めます。

Bさんは、小学校3年生のときに車で連れ去られて性的な被害を受けていました。叫びそうになったときに首を絞められて、気を失って、気づいたら砂利だらけの地面の上に放り出されていました。親にも誰にも言えずにこっそり自分で汚れた下着を洗い、それを記憶ごと封印していたのです。

大人になったBさんは、出産のときにも半年ぐらい入院したり、社会でもうまくやれないという状況が続く中で、「開華」のトレーナーコースに来たのです。

Bさんは、ワークに取り組みながら、なぜ自分はこんなに体がいつもつらくて、人間関係も壊してしまうのかを考え、ひとつの結論に思い至りました。

それは、「自分がいてはいけない存在」だと思っていたからでした。

そのとき初めて、すっかり忘れていた小学校3年生の記憶が出てきたのです。

その原因はなんだったのか、おかげは何だったのかと掘り下げていくと、生まれたときからお兄さんと比較されて、「私はいてはいけない」といつも思っていたから、その自己否定のエネルギーで3年生の事件が起きたのだと理解しました。

「私はいてはいけない存在だと思っていたからそれが起きた。私はいろんな命の輪の中で生きさせてもらっているし、同じように体験を封印して生きている人たちがいるから、その人たちのために体験を生かす側になろう」

そう気づいてからBさんの活躍の場はどんどん広がり、ＹｏｕＴｕｂｅなども積極的に使って、とても高いエネルギーを届けています。

Bさんは子どものときから動物の言葉がわかっていたので、そのためにいじめられたり、親には「人に言ってはいけない」と言われていました。

しかし、「それも自分の特質だから」と認めて、今では人と動物のコミュニケーションの仲立ちをするアニマルコミュニケーターや、亡くなった人の言葉を伝えるなどの仕事をしています。元看護師のBさんですが、すでに収入は前職を上回っています。

「性的に苦しい体験も、『私が私を大切にすること』に気づかせてくれるための出来事だった、ありがたい」と、とらえ方が変わったことで起きている現象です。

そのBさんといろいろやり取りをする中で、Aさんも、自分の体験を生かしてどんどん輝きを広げるほうに進みました。

彼女は元々歌を歌う仕事もしていたのですが、そこでもつらい体験があり、歌も封印していたのです。

でも、「自由にのびやかに私が輝いていくのを見ることで、他の人にも輝きが広がっていく」というふうに、「おかげで」に変えて感謝を響かせ、日常生活でもだんなさんや息子さんに感謝と愛を広げると、家族の関係もみるみる変わっていきました。

昔は「存在してはいけない」と思っていたのが、今のAさんは朝起きるとこう思うのだそうです。「どんな素敵なことが起きるかしら?」

今ではアイドル以上の輝きが出ていて、すごく女性性を出して、存在だけでみんなの目が行くような素敵なオーラを出されています。

仕事面では、以前の彼女は大企業のいいポジションに勤めていましたが、２０２０年３月で退職して新しい仕事をスタートさせました。同年の10月頃から海外とも取り引きが始まっています。

Aさんは、「自分ほめ」や「感謝行」を通して、自分を大切にする生き方ができるようになりました。朝起きて、「私は今、心が痛くない、何か言われても平気な自分がいる」と感じられるようになったのが、それを始めて3、4カ月めぐらいでした。

今は、「朝起きるとただありがたくて、涙が出る」とAさんは言います。夫と子どもと一緒に出かけるだけで、感謝で涙が出るのです。

今は、「私が私の輝きのままで存在して自分自身の中に響かせる、それは夫や子どもにも響いていく」と、自分を輝かせる方向に特化させています。

それは、Aさんが自分の神性を祈り出だしていることにほかならないのです。

私たちは物質である以前に、素粒子で、ゼロポイントフィールドの存在です。そちら側の高い周波数で存在すると現象がよくなるということを、彼女は誰の目にもわかりやすく見せてくれました。

「今は家族と一緒にいられることと、たわいもない会話がありがたくて幸せ」というAさんです。

家族への恨みが愛へ転換！　アトピーから美肌へ！

（Gさん・40代女性）

Gさんは、2年ぐらい前にセミナーに参加してくれました。

彼女は長いことアトピーで悩んできました。

「開華」に来た頃はもうだいぶよくなっていましたが、小中学校時代は大変でした。首から下はいつもただれた状態。首から上はステロイドと、もう一つ別の薬剤で症状が落ち着いたのですが、その薬剤は紫外線に当たると癌化するという話もあり、長く使い続けるには抵抗のあるものでした。

それで、彼女は肌やアトピーのことをいろいろと調べて、「自分のエネルギーが外に出たくて出ているのだから」と見方を変えて、薬で症状を抑え込まず、体の中に溜まってしまった不要なエネルギーや毒素を出させるようにしたそうです。毒素を出しきったら、たまに季節的に出ることはあるけれど、だいぶよくなったそうです。

でも、Gさんにはほかにもクリアしたい課題がありました。

本人の根底に、「人を許していない」という感覚がずっと残っていたのです。許していない人とは、もう亡くなった実のおばあさんでした。

同居していたおばあさんからは、いつも自分の家族だけが邪険に扱われ、悪く言われて、とても嫌だったと言います。おばあさんは、亡くなるときは寂しく亡くなっていったのですが、それも「自業自得でしょう」みたいな感じで思っていたのです。

体は一応治って、その課題は抱えたままで「開華」にやってきたGさんは、「おかげで探し」をやっていく中でだんだん変わっていきました。

「体が大変だったおかげで体の声に耳を傾け、自分の体と真剣に向き合う機会をいただいたことで、生かされているありがたさを心の底から感じられるようになった」

おばあさんとの関係では、こんなふうに思えるようになりました。

「おばあちゃん自身が寂しさのあまり悪態をついていたのを、『許さない』と思っていたけれど、私が愛を拒絶し、受け取れなかったんだ。私が愛を感じ、愛を出せるようになるために、おばあちゃんは自ら悪者を演じてくれていたんだ」

「結局おばあちゃんは寂しく死んだけれど、私は愛を広げて行こう」

「おばあちゃんの魂は、私の愛を拡大させるため、私を愛にさせるために、あえて私につらく当たっていたんだ」

そう気づいて心がほぐれてくると、Gさんの周波数もすごく穏やかに軽やかになりました。

彼女の感想は、とても気づきが深くて感動的です。

少々長くなりますが、ここに引用させてもらいます。


「開華」、そこを一言で表すと、本来の場所に戻れるところ。

本来の場所とは愛であり、すべては愛でつながっていて、愛でできていて、愛に浸ることができます。「開華」に出会う前は、何十年も心に重荷を背負い続けていましたが、「開華」で学ばせていただくうちに、今まで何をしてもはずれなかった心の重荷がある瞬間に溶けてなくなりました。

今までのさまざまな出来事というのは、一つの方向から見るととても苦しくて嫌な出来事のように見えますが、実は、私に愛とは何かということを教えるために起こっていた出来事であり、そこに気づけたことで、苦しい体験も自分にとって「とてもありがたいプレゼントだった」と思うことができるようになりました。

一番の大きな変化は、「憎しみが愛に変わった」ことです。

何十年も憎しみ続けていた感情が、「おかげで探し」によって愛へと変化していったことに、私自身がとても驚いています。

さまざまな出来事というのは実はすべてつながっていて、そして、愛へとつながっているのだということに気づき、実際に全身で愛を感じることができました。

「開華」は愛そのものであり、いつでもゼロに戻れる場所です。

今まで愛を感じたことがなかった私が全身で愛を感じられるようになったことは、とても大きな変化であり、ありがたいことです。ありがとうございます。

重いアトピーを患っている人の苦しさは、本当に大変なものだと思います。

それでもGさんは、「身体も大変、心にもトゲが刺さって痛い」というところから、こんなふうに全身で愛を感じられるようになったのです。

虐待の人生から、感謝を響かせていけば絶対にうまくいく世界へ（Iさん・40代男性）

Iさんは、事情があっておじ（伯父）さんに育てられてきました。

「おまえを養っているんだから、大学に行かせているんだから」と、家のことを全部やるように言われて、言われたとおりにしてきました。

家事全部とおじさんのゲームの相手がIさんの日課で、負けるとバツゲームで眉毛をそられたり、時間に遅れると木刀で殴られたりします。

一生監禁状態で暮らすような状態から抜け出して、自分の道を生きようとしたのですが、「やっぱり無理だ」と思いながら、「根性、頑張り」でなんとかやってきた。

「開華」に来た時点ではそんな状態でした。

そこから「感謝行」、「おかげ探し」のワークをやって、「おじさんに木刀で殴られてきたおかげでやり抜く力がついた」と思えるようになりました。

Ｉさんは、自己啓発で学ぶエネルギーもすごいのです。

最初に来た頃はお金の不安がとても強かったのですが、自分の内側のゼロポイントフィールドはすごいと気づき、自分の才能を開かせることを試していったら、自分の事業に大きな投資もできるようになりました。

するとそれが見事に大ヒットして、ビジネスのステージが上がったのです。

今までは「カゴの中の鳥で動けない」と思っていたのが、「自分が動けば世界が動く、そこに感謝を響かせていけば絶対にうまくいく」という感覚をつかんだので、Ｉさんは今、本当にいい状態で進んでいます。

仕事内容は健康に深くかかわる分野なので、「世界中の人たちが健康になる」というミッションを持ち、「開華」で学んだことのアウトプットも含め、活動の幅をどんどん広げていこうとしています。仕事もプライベートも絶好調で進んでいるのです。

虐待に近い環境で育っても、「俺はダメなんだ」とか「苦しい」ではなく、そこからメッセージを汲んで自分の才能を生かす。

「まわりからどうされたか」ではなく、「自分」を生き切る、お役立ちに入る。そうした周波数帯で自分を生かすと、まったく違う世界が広がっていきます。環境で自分を決定づけるのではなく、周波数を整えて自分が自分を生かす方向へ行けば、世界がどうにでも動くし、最高の状態で進んでいくという例がIさんです。

自死した妹が護ってくれているおかげで（Cさん・40代女性）

父親は短気で怒ると自分の親に対しても暴力をふるう。母親はアルコール依存していき、父の悪口を子どもの前でも、ぶちまける。母親に意見を言うと、「あんたは父親そっくり！」と、ほこ先をCさんに向ける。

Cさんの家庭環境は複雑でした。

表面的には両親健在、妹、年のはなれた弟もいて幸せな家族に見えるが、家庭内では「愛されている」という感覚は持てなかった。成長してからは、「家にいられない」

と街をさまよったりもしましたが、そこにも「本当の安心」や「温かい関係」は見つかりませんでした。

妹さんはというと、異性との交遊から酒、タバコ、薬物、度重なる堕胎などと、どんどん傷ついていきました。Cさんは親元をすでに離れ、何年か経ち、忙しくしていたあるとき、「妹さんがうつ病になったようだ」とメールが入りました。

そうこうしているうちにわずか数日で妹さんは自死してしまったのです。9歳離れた弟さんもその2年後に統合失調症になってしまいました。

深いショックと、守ってあげられなかったという思い。それをずっと封印しながら、のちに結婚して娘さんも生まれたのですが、だんなさんとの関係でも「私を愛してくれない」と感じてしまいます。そんなつらい状況の中で、セミナーに来てくれました。

セミナーの中では、みんながかつての体験を「おかげで」という感謝側に引き上げる作業に取り組みます。

Cさんがそれを始めてから、偶然というには不思議な出来事が続きました。

Cさんが初めて来たときに、頼まれて本にサインをしたのですが、その次にサインした人が、彼女の亡くなった妹さんと同じ名前でした。やがて妹さんと同じ名前の女の子も、セミナーにやってきました。

お姉さんが気づきに入るために、妹さんがずっと見えない側でサポートしてくれているのを示す出来事のようでした。

「ほら、来てるでしょう」と言うと、Cさんもうなずいていました。

それから彼女は「感謝行」と「自分ほめ」、「おかげで探し」をやって過去を見つめ、「私自身が私の内側から聖母の波動、ゼロポイントの愛、感謝を響かせる」と決めました。

コロナ禍の中、だんなさんがうつ気味になっている状況でも、彼女は一生懸命毎月セミナーに通ってきて、整った自分の響きを家庭に響かせるようにしていました。

ネガティブな思いに傾きそうになったときも、自分の心に自分で寄り添いつつ、夫にも寄り添いました。

その後、だんなさんが目の手術をすることになったとき、世間から見ると「可哀想な状況」ですが、今までだんなさんと表面的なつきあいだったご両親が「大丈夫かい、それだけ大変だったんだね」と思いやってくれるようになり、すごく関係がよくなりました。

だんなさんも、目が完全に治らず障がいは残ったのですが、逆に自分の軸がしっかりして、夫婦の関係もすごくよくなりました。

Cさん自身が聖母のような周波数でいたら、両方の両親とだんなさんも「ふわっ」と愛、感謝側の周波数になり、劇的に関係がよくなっていったのです。

私は彼女に、「Cさんひとりが5人を変えたんじゃなくて、全員が元々同じ周波数でひとつのエネルギーだから愛でおだやかな状態へのシフトが起きたんだよ。Cさんが腐らずに自分に寄り添い、そのエネルギーをみんなにも響かせた結果だからね」と伝えました。

弟夫婦とも、年末年始に一緒にスキー旅行に行くぐらい関係がよくなったといいます。

「だんなさんとふつうに、人間対人間で、愛でやりとりできているのは初めてかもしれない」とメールが来たのが、つい一週間前のことです。

亡くなった妹さんが、Ｃさんの中でもずっと生きている状態なのです。

メールで送られてきた彼女の「感謝行」の一部を、ご紹介します。


「夫との時間が今日も優しい、ありがとう、ありがとう、ありがとう。ちょっとしんどいなと思っていた夕飯の後のお皿洗い、声をかけてくれて先にお風呂に入っていたら、頼んでいないのに洗いものをしてくれた。パパありがとう。家族そろって温かくおいしい夕食を食べられるって最高、幸せ」


だんなさんも、Ｃさんの体調不良にもずっと寄り添って、サポートしてくれるほどに変わったのです。

おそらくずっと妹さんがフォローして、見えないバイオフォトンのところで「お姉ちゃんにより幸せな道を歩いてもらえるように」と動いてくれているのでしょう。

私にも、自死や事故などで大切な方を亡くした経験があります。

そのことを、「かわいそう、残念、人生もったいない」ととらえるか、Ｃさんのように、その死が自分の中で生きるように行動していくか。

ある程度の年齢になれば、誰しも近しい人、大切な人の死を経験します。その記憶は一生残るもので、忘れることはできません。だからこそ、**どの周波数帯でとらえるかが重要なのです。**

自死で大切な人を亡くしたのなら、その人の分を自分は生き切る。

他の人が精神的に苦しかったり、自傷行為に走りそうな状況にあるときも、敏感にそれを察知して、どうしたら周波数が上がるかを考えられる自分になる。

そういう方向へ行くことで、Cさんの中に、妹さんがいい方向でずっと生き続けられると思います。そのことも、彼女の中では無意識層にたぶん入っているのでしょう。

これからのCさんは妹さんとともに、愛でたくさんの人を引き上げていくのだと思います。

ゴミも捨てられない家庭環境からお役立ちの人生へ（Dさん・50代女性）

Dさんが初めてセミナーに来たとき、彼女は「愚痴魔」の異名をとっていました。うちのスタッフのひとりがマッサージの仕事もしていたのですが、Dさんはそもそも、その治療院のお客さんのひとりでした。でも、とにかく愚痴を言いまくるので、施術する人も疲れてしまい、いつしかDさんが来るとみんなが逃げるようになりました。そういう流れでうちのスタッフが担当をまかされ、Dさんと話をする中で「開華へ来たほうがいいよ」とすすめたのです。

そうしてやってきたDさんは、「愚痴を言うのもしかたないなあ」と思うくらい、大変なものを抱えていました。

妹さんが統合失調症で、お母さんはパーキンソン病。お父さんの認知症もけっこう進んでいる。Dさんはその３人の家族の面倒を見る状態。

Dさんの仕事は、体を動かすジャンルのインストラクターです。仕事は頑張って元気にこなすのですが、家に帰ると疲れてもう動けません。

家の細かいことまで手が回らず、ゴミも捨てられないので、家事代行サービスの人に頼んでゴミを捨ててもらうような状況でした。

また、Dさんは離婚歴があり、離婚しただんなさんに対する恨みつらみもありました。

そんなDさんでしたが、「感謝行」などのワークに、まじめに取り組んでいました。

そんなある日。「開華」では定期的に何種類かのセミナーを開いているのですが、別のセミナーにしょっちゅう来ていたEさんという女性がだんなさんの話をするのを聞いていて、Dさんの別れただんなさんと私は「なんだか似ているなあ」と感じました。

Eさんの参加するセミナーにDさんはたまに参加する程度でしたが、あるとき二人が一緒になった場面がありました。

セミナーが終わったとき、Eさんが「あの人、○○さんですよね」と、Dさんの名前を言ったので、なぜ知っているのかと聞くと、「私のだんなさんの元奥さんだから」と言うのです。

それ以降Eさんは、Dさんに対してのうしろめたさもあり、「Dさんとまた会ったらどうしよう」と顔を合わせるのを恐れていたようです。しかし！　その後、街のコンビニでばったり出会います。

そこで話が始まり、EさんがDさんに思いを打ち明けました。

「申し訳ないことをしました。だんなさんはDさんと離れて、私が好きでくっついてくれたからいいんだけど、取ったみたいな感じで本当に申し訳ないです」

それを聞いたDさんは「そうだったのね」と、スーッと受け入れられたそうです。

Dさんは、「感謝行」をやることで振動数が変わってきて、現象がラクに軽やかになる方向にどんどん進んでいたのです。

Dさんは、かつては人のサポートをたくさん受ける側でしたが、今度はサポートする側になりました。

今は「開華」のトレーナーとして毎月通ってきて、後輩たちの周波数を引き上げながら、キラキラの太陽みたいな、お母さんみたいな存在になっています。Dさん自身は「私が学ばせてもらっている」と言っています。

まさか愚痴魔だったとは思えないくらい、笑って「前は愚痴魔だったの」と言えるくらい、カラッと明るい存在になりました。

そうやって本人がどんどん変わってきたら、彼女が主宰している市の教室は一番多くの生徒が集まる大人気の教室になって、大変な活躍ぶりです。

いろいろな出来事を愚痴にするか、「おかげで」にするかによって、自分の世界や経済などもこんなに変わってくるのです。

その間に、施設で過ごしていた妹さんの統合失調症もだんだん軽くなって、一緒に住めるようになりました。お母さんのパーキンソンの難病指定もはずれて、お父さんの認知症も軽減されてきました。

お父さんとの関係も改善されました。それまでは、子どもの頃に背中を強くたたかれたりした経験から、「さわれない、近寄れない、会いたくない」という状態が続いていたのです。それが今ではふつうにやりとりができ、握手などもするようになりました。

「私ばっかり」と不満をためる側から、お役立ちの側に。

「自分を生かし、生来の明るさのままで存在する私」に。

すべて、彼女の素粒子、バイオフォトンがそういう状態になったことの結果です。

大変な状況は、愚痴にすることもできるし、感謝ポイントを探して「おかげで」に変えることもできます。

自分が発振した周波数で現象が動いていくので、自分が軽やかになると、現象が軽くなるような出来事がひょいと起きたりします。

DさんがEさんとコンビニでばったり出会い、話をして楽になったのも、まさに「バイオフォトン」という素粒子の周波数が響き合って「もう感謝がたまったから卒業していいよ」とコンビニで出会うんですね。

いつでも**「意識が先で現象があと」**です。

周波数が動くと現象が動くのです。

目の前の出来事はすべて意識の結果なので、それに翻弄されるのではなく、自分の意識を変えていく。すると、いつのまにか出来事が楽な状況になっていきます。

素粒子レベルから見ると、人間にとっての奇跡も当たり前のことです。

量子の世界でのアプローチを意識して生きると、見える側から見ると信じられないようなことも、ごく当たり前に起こるのです。

虐待や離婚から幸せな人生へ

（高原奈津美さん・40代）

奈津美さんは、小学校のときから、ほとんど虐待のような環境でバレーボールをやっていました。監督が超スパルタな人で、ミスをすると竹刀でお尻をぶったりビンタしたりします。よけると髪をつかまれてビンタされます。

しかも、お母さんからも同じように叩かれて育ちました。

中学に入ると、なんと小学校のときの監督が中学のバレー部に赴任してきて、これでは逃げ場がどこにもないと思い、ついにバレーをやめました。

まもなく両親が離婚して、お父さんが家を出て行きました。お母さんはお父さんの悪口をずっと言い続けていたので、奈津美さんは「お父さんは自分で借金して、自業自得だ！」と思い、去っていくお父さんの寂しそうな背中を黙って見送ったのです。

お母さんからは「あんたがバレーをやめたから、夫婦で見に行くのを楽しみにしていたのに行けなくなって、離婚した」とも言われ、それも心にのしかかりました。だんだん体も大きくなってくると、奈津美さんはやられたらやり返すようになっていきました。口が立つようになり、人を攻撃することで自分を守るようになったのです。

20代でカナダ人と結婚してカナダに行ったのですが、奈津美さんはその夫のことも攻撃してしまいました。夫はだんだん肥満体になり、ついにはアルコール依存症になり、ますます関係が悪化して離婚。

帰国して、日本人の男性とつきあうようになりました。

ところが、一緒の生活が始まった途端に相手の不倫が発覚したのです。

「どうしてまたつらいことが起きたの？　もしかして私が何かやっているの？」と気づいた奈津美さん。

そこで夫婦カウンセリングに行って男性性、女性性について学び、それなりに関係がよくなりつつあるその過程で、初めて開華セミナーに来てくれました。

そのときの奈津美さんは、元スケバン（！）みたいな、まわりからは怖く見えるタイプでした。初めての人は声をかけにくそうな、冷たいエネルギーを出していました。

でも私は彼女の奥底の温かいものがわかるので、怖くないし平気でいじれます。奥底の熱いエネルギーを見ながら、「うん、そこだよ！」と励ましながら、彼女の「感謝行」をサポートしていきました。

2回目のセミナーで「ご先祖様からのおかげで」を探す時間がありました。祖父母のどんないいところが自分に遺伝しているかを探すのです。

彼女を見ると、書き始めてからずっと涙を流しています。

どうしたのか尋ねると、「私のいいところはみんなお父さん譲りだった。お父さんなんて私にはいない！　親じゃない！　って思っていたのに、みんなお父さんからもらっていた」と泣いているのです。

そこで一気に彼女の周波数が動き、「感謝行」の中身もどんどん深まりました。

すると、彼女の変化に応えるように、お母さんもだんだん心がやわらかくなってきて「なっちゃん、私も『開華』を学びたい」と言い出したのです。

彼女は夫婦カウンセリングと開華セミナーを受けながら、整体も始めました。

そして、中学で別れて以来二十数年ぶりにお父さんと連絡をとり、新しい奥さんも呼んで、二人にマッサージをすることができるほどに、関係が動いたのです。

お父さんからしたら、もう死んでもいいくらいうれしかったのではないでしょうか。可愛い娘に中学で別れたきり会えていなかったのが、そんなふうに再会できて、それだけで許されたように思ったでしょう。


2020年の2月2日に「開華フォーラム」というイベントを開き、奈津美さんも含めて数名の人に、お客さん300人ぐらいを前に「ビフォーアフター」を話してもらいました。

その準備会のとき、「お父さんを呼ばない？」と言ったら、本人も「私もそう思っていた」とのことで、当日はご両親とだんなさんが会場にやってきました。

お父さんとお母さんは、三十何年ぶりでそこで再会したのです。

奈津美さんは、舞台の上でこんなふうに語りました。

「母のいら立ちや怒りがどんどんほぐれ、今まで自分を口で守るしかない、攻撃で守るしかないと思っていたのが、全部愛だったと気づいたら、胸の中のコンクリートにひびが入って、光がもれはじめました。そこからハートがいっぱいあふれだしてきて涙が止まらなくなりました」

今まで自分を守るためにやっていた口での攻撃や、相手への否定が、「攻撃しなくていい」「愛で全部つながり合う」というふうに変わったのです。

オセロの黒がバタバタと全部白にひっくり返って、今の彼女は本当に慈愛の人になっています。

今は、Aさんのお話にも登場していたBさんと二人で、自分の体験談を話しながら「みんな愛なんだよ」という話を、毎週YouTubeで伝えるようになりました。

自身の体験をみんなの人生に生かせるようにという思いから、自分と似たような体験のある人の心を汲み、自分の内側から愛を湧き出させる仕事をするのだと、猛烈に動いています。

「開華フォーラム」でのスピーチを、彼女は「家庭の平和は、世界平和の源」という言葉でしめくくりました。

「つらかった人生を幸せだと思えるようになりました。自分が乗り越えてきたものが全部周囲の役に立っています。

私の天命は、世界平和のために家庭を平和にすること。

今日話を聞いてくれて、気づいてくれた人がひとりでもいいから、意識して家庭を平和にする、それが世界平和につながるという意識を持ってくれたらうれしいです」

一時はこじれただんなさんとの関係も本当にラブラブになり、月に2回旅行に行くぐらい良い関係になっています。

奈津美さん自身も、昔の一見怖い冷徹な感じはなくなり、内側からわき上がる美しさがあふれ、今はすごくステキなエネルギーを発振し、存在だけで居心地のいい人になっているなと思います。

どん底から半年後、ＮＨＫから取材されるまで！（Ｆさん・40代男性）

Ｆさんは、勤めていた大企業を辞めて、お父さんの会社に営業職として戻った人です。「社長のせがれ」として父の会社に入社、そういう状況はかつての私と似ています。社長からも年上の社員からもいろいろ言われ、居場所がない状態だったのも同じです。

機械いじりもわからず、工具を投げられたりしながら慣れない仕事をしていましたが、あるとき事故で幼い息子さんが亡くなってしまいました。

私も前職のときに子どもがよりどころだったので、息子さんを失ってどんなにつらかったかと本当に胸が痛みます。

Ｆさんはその出来事にも耐えて仕事を続け、何年か後、社長になりました。

そして２０２０年の春、とんでもない出来事がありました。

元請けの会社から、海外との取引にあたって環境関係の取り組みをするようにと促されたので、その話を職人たちにしたところ、５人いた職人のうち、いきなり４人が辞めてしまったのです。仕事が回せないどん底の状況になってしまいました。

そんなときに、Ｆさんは月刊『致知』に掲載された記事で私のことを知り、９月にセミナーに参加。「自分ほめ」や「感謝行」で、すべてのつらかったことを「おかげで波動で上書き保存」「感謝波動で上書き保存」して、愛、感謝の周波数に塗り替えることに取り組みました。

それらのワークを７週間行うと、コースの最後には自分のミッションを色紙に書くのですが、そのときＦさんは「ＮＨＫの番組『ザ・プロフェッショナル』に出演する」と書きました。

すると、10月にＮＨＫから電話がかかってきたのです。

コロナ禍の中でも活躍している中小企業を取材したいとのことでした。最初は夕方の地方の情報番組で放送され、内容がとてもいいということでＮＨＫラジオ第１のＮラジで放送され、その後ＮＨＫ総合とＢＳの「おはよう日本」の経済コーナーで紹介されました。そして、ＮＨＫニュースｗｅｂのビジネスニュースランキング７位まで行きました。

前年の4月にはどん底の状況にあったのに、わずか半年でまるで違う世界が広がっていました。

大きな変化はまだありました。Fさんの会社は、商品名は書けませんが、かつて大変な人気だったある商品のリメイクにかかわったのですが、これが大ヒット。足りなかった職人さんも今は増えて4人になっています。

それもこれも、かつての周波数帯が「俺は苦しい」「根性」「やり通さなければ」だったのが、「感謝、自分を生かす」という周波数になったことの証です。

リメイクしてヒットしたその商品は、昔のFさんにとってワクワクの対象でした。眠っていたものが再び息を吹き返す喜びもあって、彼の躍動感はとても高くなり、社員にも丁寧なエネルギーで、丁寧な言葉遣いで対応しています。その姿を見て本当に素敵な社長だと思いました。**完全に自分を生かす側に入っているのです。**

「辛い、苦しい、根性」の意識から感謝に入ると、たちまち自分の意図した世界でスッと運ばれる側になります。渡りに舟の世界が広がるのです。

Fさんは、かつての苦しさを知っているので、人に対して絶対横柄にならないし、謙虚だし、ひたすら感謝を探します。どのようにすると人生が混乱し、どのようにするとスムーズに進むのかを知っています。

イラっとしたり、カチンと来たときも、「この周波数ではなくて『お役立ちの周波数、自分を生かす周波数、感謝の周波数』をいつも響かせよう」と意図できて、そこには過去の体験がすごく役に立っているのです。

もしそれがなかったら、ある程度年齢も重ねて、こんなに丁寧に人に接することはできなかったかもしれません。

Fさんの会社は、社長であるFさんがいつもゼロポイントフィールド側の高い周波数を発振しているので、お客さんと会っても「ぜひお願いしたい」と言われる会社になっています。だから、意図すると瞬時に結果が次のステージに行き、世界が広がるのです。

自分がどこの周波数を発振し、どことつながり、どこを意図するかで世界がまったく変わる。時間は関係なくこの瞬間にも変わるということを、Fさんの例は教えてくれています。そしてこのお姿を見て、天界にいる息子さんも誇らしく思い、さらなるサポートをしてくれていると感じています。

育児放棄され、栄養失調になるも、その経験を活かした映画監督へ

（うみのはるかさん・40代女性）

はるかさんは、シングルマザーのお母さんのもとで育ちました。弟と妹もいます。

小学校4年生ぐらいになると、お母さんはだんだん長く家を空けるようになりました。1週間も2週間も帰ってこなくて、たまにドアが「トントン」と鳴ると、ドアノブにお弁当が二つだけぶら下がっています。

はるかさんが言うには、「お母さんに嫌われていたから自分の分がなかった」とのことで、小学校2年の弟、幼稚園年長組の妹と3人で、二つのお弁当を分け合って何日も食べていたそうです。

でも、それだけでは足りないので、「手をつけてはいけない」と言われていた仏壇

の引き出しの中の小銭で、パンの耳を買いました。ほとんどはきょうだいに食べさせ、はるかさんは水を飲んで寝ていました。そうすると空腹を満たせるからです。

寝るといつも見ていた夢がありました。

七福神の白ひげのおじいさんのような人が、船に乗せてくれます。その船に乗りたがる人はほかにもいましたが、乗せてもらえるのははるかさんだけ。そして世界のあちこちを見せてくれるのですが、戦争などの悲惨な場面もたくさんあります。いつもおじいさんから「お前はこれをどう変えられるか」と言われたところで目が覚めます。

小学校4年の冬になると、お母さんが家にまったく帰ってこなくなり、いよいよ電気もガスも水道も止まってしまいました。怖くて寒くて、3人でふとんをかぶってろうそくの明かりで過ごしていると、ある日、誰かがドアをノックする音がします。

弟と妹が「ママだ！」とドアを開けると、家賃未払いということで退去の勧告にやってきた、裁判所の執行官と補助官だったのです。

母親がいなくて子どもだけで住んでいるとわかると、ただちに保護されました。そのときのはるかさんたちは栄養失調になっていました。

はるかさんは、弟や妹とは別々の親戚にひきとられ、中学になるとまた別の家を転々としました。しばらく預けられた家のおじさんがはるかさんの布団に入って来るようになりましたが、「食べさせてもらえるから」とがまんしていました。しかし、いよいよ行為がエスカレートしてきたときに、耐えきれずに逃げだしたのです。

そういう過程があって、彼女は今5人の子どもがいるお母さんです。一番上の子は養子、4人は自分が産んだ子で、お父さんはそれぞれ違います。

はるかさんは、開華セミナーに参加してこんな話をしてくれました。

「昔、夢で船に乗ったとき、私はたぶん魂が抜けていたんだと思います。何回か体を壊して、臨死体験もしてきて、あちらのおだやかな光だけの世界を何とか表現したい。それと、日常生活の人間関係を、いら立ちや怒りで壊してしまうのをどうにか直したい。量子力学ならそのへんのことを説明できるかもしれないと思って、ここに来ました」

セミナーの後、はるかさんは「そういう今までの人生や体験を映画にしたい」と思い立ち、映画監督になりました。すると、製作した短編映画が大阪映像コンペで優秀賞を受賞。さらなる活躍が始まっています。

作品の中には虐待や養子縁組などをふまえたテーマを入れつつ、家族のつながり、人間同士のつながりを表現しています。

はるかさんは、ときおり不足感で寂しくなるときは、子どもの頃の食べ物がなかった記憶から不足感が出てくるためだとわかるので、「おかげで今はふつうに食べられるのが本当にありがたい」と、感謝側に周波数を上げています。

子どもたちもやんちゃですが、その子たちも開華のセミナーをはるかさんと一緒に聞いてくれています。

真ん中の男の子には不思議なエピソードがあって、中学のときに無免許でバイクに乗って車と正面衝突したのですが、「体が飛ばされて地面に落ちるとき、母が受けとめてすっと下ろしてくれた感覚だった」そうです。実際、即死の事故でもおかしくないのに、まったくの無傷だったのです。

はるかさんもはるかさんの子どもたちも、見えない側が守ってくれていることを感じつつ、自分の体験を生かす方向へと進んでいます。

「ネグレクトで親がちゃんと育ててくれなかった。満足に食べられなくて栄養失調だった。夢の中で不思議な存在に世界を見せてもらった」という体験。

それがあるからこそ、「愛、感謝側で、つながり側で生きていくんだよ」というテーマで映画を作るというミッションが、はるかさんに入ったのでしょう。

彼女も、自分の体験を「このせいで私は卑屈なんや」「このせいでずっとお金がないんや」ととらえる代わりに、「この体験をした私だからこそ、世の中にできることがある」ととらえて、精力的に活動しています。

彼女の「与えるエネルギー」もすごいです。いつもクリスマスプレゼントをくれたり、まわりに与える思いを一生懸命発振してくれています。

最後にひとつ、すごい後日談があります。

はるかさんが映画製作を始めて、キャスト候補を探しに俳優事務所に行ったら、なんとそこに、30年前にはるかさんたちを保護してくれた補助官の人がいたのです。
「えーっ、私は○○町のあの小学生です」とはるかさんが言うと、その方も「生きとったんかー！」とビックリ。

補助官だったそのKさんは、今はプロの俳優になっていました。

この再会が縁で、Kさんははるかさんの映画に出演しています。Kさんはすごく愛の深い人で、悪党から心を変えた役柄も非常に深く、その存在が映画をより味わい深いものにしていると思います。

人は変われる。あなたの本当の素晴らしさに出会う

ここまでお読みいただいて、あなたはどんなふうに感じましたか。

登場していただいたみなさんのエピソードは、私がこれまでたくさん目撃してきた「奇跡」の、ほんの一部です。

どの人もそうなのですが、その人の内側にある「愛、感謝、つながりの周波数」があふれ出すと、人生は本当に変わります。

そのサポートをさせてもらえることを、とても感謝しています。

人生にはいろいろな出来事が起こりますが、私たちに求められているのは**「何が起こってもその根底の意味を汲んで、自分を改革していくこと」**、ただそれだけなのです。

すると、「こういう出来事が起こったから私はまだダメ」などとジャッジする視点ではなく、「根底が素晴らしい」という視点から現象を見ることができます。

「あ、これは私の可能性を開かせるためだ」

「ゼロポイントフィールドから愛を湧き出させるために起こっているんだ」

「本来すべて愛なんだと学んだことを、本当に現場でできるかどうか問われている」

そういうメッセージが汲み取れたなら、一瞬「えっマジか～！」と思っても、「愛だったらどう行動するか」をひたすらやっていく。

そうすると愛の周波数が入るので、つらい現象や苦しい現象が消えていきます。

それは現象のとらえ方が変わるからです。

初めて「感謝行・自分ほめ」を取り組む人も、1、2カ月で心がカラッと楽になり、「やっぱりこっちだな」と、いい意味で心のクセがついていきます。

半年ぐらい続けると、自分軸がスーッと立ってブレなくなり、「あ、この感謝側の感覚で存在するのが本当だな」と腑《ふ》に落ちて、放つ光が、より明るく温かくなってきます。

見た目は「変わった」というふうに見えますが、実際は**その人本来の状態に戻っているだけ、本質の周波数に戻っているだけです。**

だから何が起きても安定・安心して、いろいろな出来事に対処していけます。

私たちは、物質側から見れば一人ひとり違った人間ですが、実は誰もが同じ素粒子であり、波であり、「愛、感謝」のゼロポイントフィールド側の周波数で生きることができます。

あなたが変わり、あなたのまわりの人々が変わるのも、すべてが波だからです。

現象側から見れば「今まで40年動かなかったものが、なぜこの半年で動いてしまうの？」となりますが、素粒子、周波数側から見ると当たり前であり、そこにはただただ愛と感謝が広がっています。

私たちはみんな、そういう素晴らしい存在なのです。

感謝側の生き方、ゼロポイントフィールド側からの生き方、すべての方々や生命とのつながりを感じられている側からの生き方をしていく人たちだらけになっていくこと。

この時、それぞれの方々は本当に幸せを享受している。

そしてこれこそが、真の地球平和、の状態です。

「地球平和」。これは組織や大統領、条約や法律がやるものではなく、私たち一人ひとりの意識の変化です。

ぜひ、ご自身をねぎらい、感謝を響かせ、周りの存在に感謝を響かせてゆきましょう。

その時、万象に畳み込まれているゼロポイントフィールドに、スッと気付き、ステキな世界が広がってゆきますよ。

おわりに――日本人を表す言葉

さいごまでお読みくださり大変ありがとうございました。

いかがだったでしょうか？

あなたの心の中に、「わあ……私の人生って、こうやってどんどん変化できるんだ……」と感じてくださったら本当にありがたいことです。

私自身が、自分のことをエネルギー的に叩き、「まだダメだ！　もっと頑張る！」「ここができてないからダメだったんだ」というフォトンを浴びせ続けていった結果、前職では、10本の指のうち9本はケガをし、包帯をグルグル巻きにするほどの大ケガもあり、休憩時間の居場所がない世界を作っていました。

なぜこんなことが起こるんだろう……？

人生最愛のパートナーである妻がひたすら私の本質側を見て、「だいちゃんは、だいちゃんのまんまでいいんだよ」と見護り続けてくれたこと。私が私自身を〝叩く側〟から、うつに至ったおかげで〝自分を褒め、ねぎらう側〟になったこと。

そして毎日感謝を探し、感謝の振動数を響かせてきた結果、本当に毎日がありがたい状態で、行く先々で悦ばれ、ご縁ある方々の多くが幸せな人生を歩んでくださる形にまでなることができました。本当に幸せなこと、ありがたいことです。

本書でも書かせてもらったように、私たちは「物体」以前に「エネルギー」であるから、「エネルギーの結果、物質が生まれてくる」から、意識のエネルギーが大切なんですね。

アインシュタインも「我々が物質と言っているのはエネルギーで、物質などというものはないのだ」と伝えています。

量子レベルになってしまうと、確かに物質は存在しません。

「エネルギーの波」と思って、奥さんを、両親を、スタッフを、お客さんを、車を、建物を、見てあげること。トラブルを見てあげること。

「波」として見ると、あなたが「高い振動数の波」を出してあげたほうが現象がうまくいく、ということはわかると思います。

「いつもありがとね♪」「大丈夫？　手伝おうか？」「さらに良くなるよ♪」

そして自分自身にも「いつもありがとね♪」「今日もよくやり遂げたね」という響きを広げていくことで、あなたの人生は瞬間瞬間よい世界に居続けることができます。

私自身が人生をここまで歩めるようになったのも、考え方を軽やかにしてくれて、ずっと私の神性を見続けてくれた妻のおかげです。

そして私を産み育て、昭和50年代ではなかなか得られない心理学や仏教、そして「魂は生き通し」の考え方を入れ、ことあるごとに導いてくれた両親と、魂の磨きあいをしてきた4人のきょうだいたちのおかげです。

あっという間に高校3年・1年、中学1年となり、自分自身の「大好き！」を生かして自分の人生を歩んでいる我が子たち、そして天国から護ってくれている生命たちのおかげ。私が活動していくために水面下で最善を尽くしてくれている「開華」スタッフの皆さん、私と共に成長し、ご自身の本質にどんどん気づいていってくださっている、全国120名を超える「開華」トレーナーの皆様のおかげ。私のあり方を強烈に整えてくれた、そして応援サポートしてくれた前職の職場の方々、早朝からたくさんの叡智をいただき、素晴らしい人生のお手本を見せてくださった群馬県及び全国の倫理法人会の皆様のおかげです。

本書が出来上がるにあたって、徳間書店様とご縁をつないでくださったコンサルタントの田儀雅芳様ご夫妻、制作においてエネルギー側で寄り添い、練り合わせながら共に作り上げてきた編集者の豊島裕三子様、長谷川恵子様には本当にたくさんのお力をいただきました。

この本が世に出て、多くの方の本質側に響き、その方々がご自身を生かしていく側の生き方に入っていくことを願って止みません。

私の心の中に響いているお話があります。

それぞれの国で素晴らしい人のあり方がありますが、フランシスコ・ザビエル以降、多くの外国人は「日本人を表す言葉」に「気高さ」をあげています。

江戸城の無血開城の背景にあること、終戦時の昭和天皇陛下とマッカーサーとのやり取り、そのほか日本の歴史を紐解《ひもと》いてみると、多く感じるエネルギーである「気高さ」。

それは……


「自らのいのちより大切な何かを自覚している人に宿る輝き」


だそうです。

自分自身のいのちが大切なのはもちろん、それが大切なのはわかった上でさらに、自分の家族や職場の方、ご縁ある方々が大切である、ということを自覚している人が発振している輝き、フォトン。それが「気高さ」。

この振動数側を意識して生きていきたいものです。

あなたの人生がたくさんの輝きを放ち、ご自身の人生体験のすべてが感謝の振動数となり、瞬間瞬間幸せの響きが広がってゆきますよう祈念しています。

その一助となるよう、私自身も日々文章や動画を通して皆さんをサポートさせていただきます。

読者の皆様がお幸せでありますように。

地球人類が平和でありますように。

令和3年9月吉日

村松大輔

村松大輔（むらまつ　だいすけ）

1975年生まれ。一般社団法人「開華」GPE代表理事。1998年、東京大学工学部卒業後、父親の会社に勤めるも、13年目でうつ病になる。その後、自分を大切に扱うことを実践し、１週間で復帰。大学で学んだ量子力学を生き方論にする手法をアレンジし、人生は「自分発振」のとおりに現実化していることを突き止める。2013年、「開華」塾を設立。生徒に、偏差値80台、５教科学年トップ、フェンシング日本代表、空手道や卓球、テニスで全国出場、レスリング東日本優勝など多数輩出。学校や企業、倫理法人会などで2021年８月現在、1,000回以上、42,000名へ全国講演。芸能人やプロ選手も受講。著書に『「自分発振」で願いをかなえる方法』『時間と空間を操る量子力学的習慣術』（ともにサンマーク出版）、日本ホリスティック医学協会名誉会長、帯津良一先生との共著に『波動とエネルギーのレシピ　大ホリスティック医学×量子力学的自分発振』（あすか書院）がある。月刊『致知』特集掲載（2020年９月号/2021年5月号）。2021年8月現在、YouTubeチャンネル登録者１万6500名、アメブロ登録者8,700名。メルマガは世界33カ国、7,100名の方が登録。